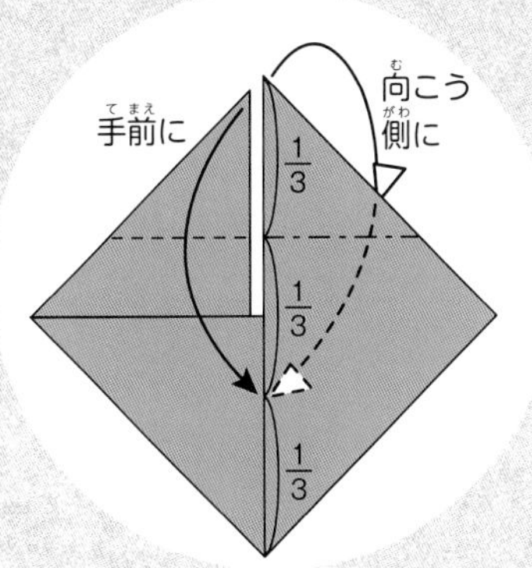

QRコードを読みこむと、ウェブサイトから折り方の動画を見たり、折り紙用紙をダウンロードしたりできるよ。

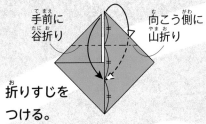

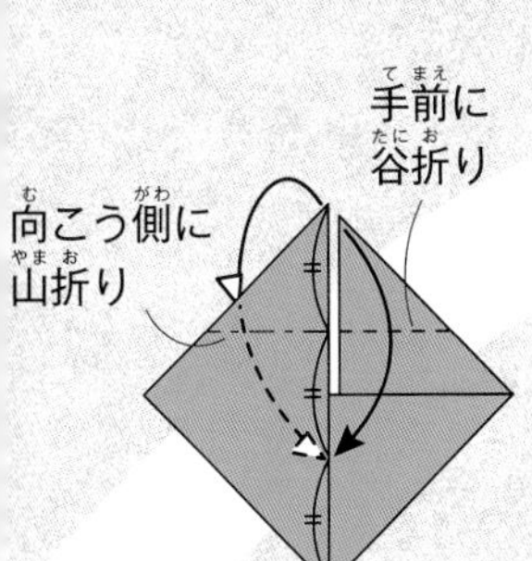


折りすじをつける。

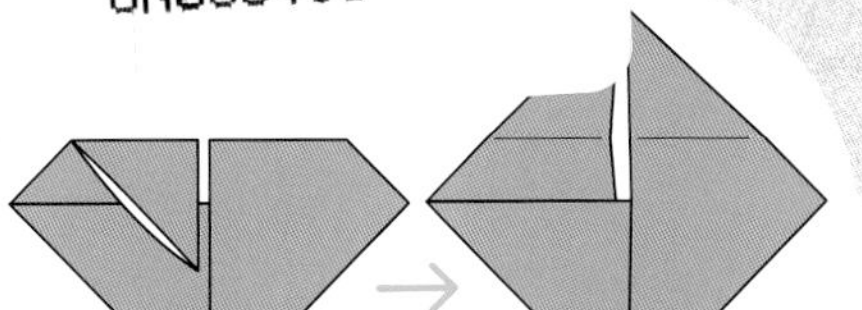

折りすじを元にもどす。

## パーツⒶの完成！

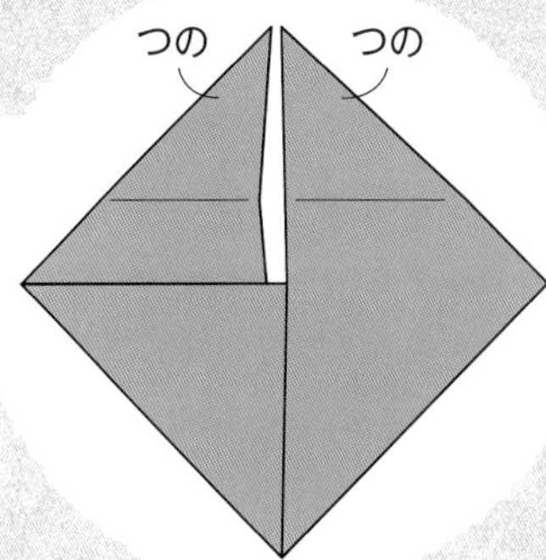


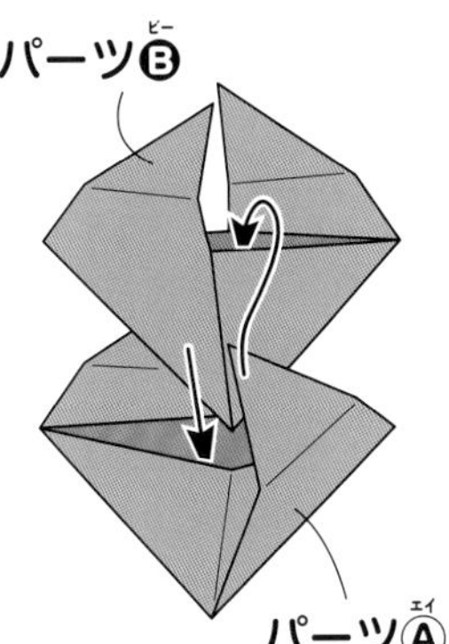


折りすじをつける。

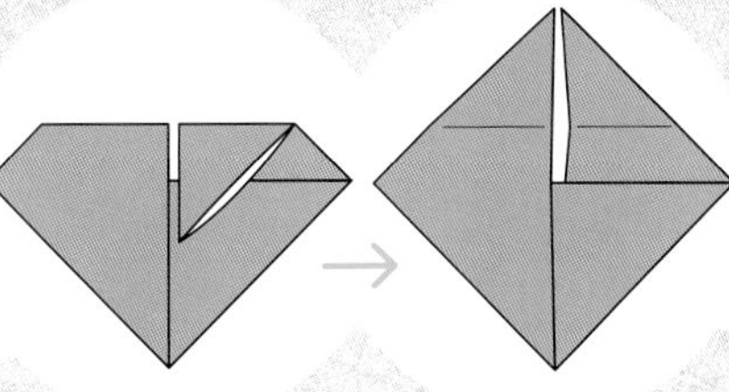

折りすじを元にもどす。

## パーツⒷの完成！

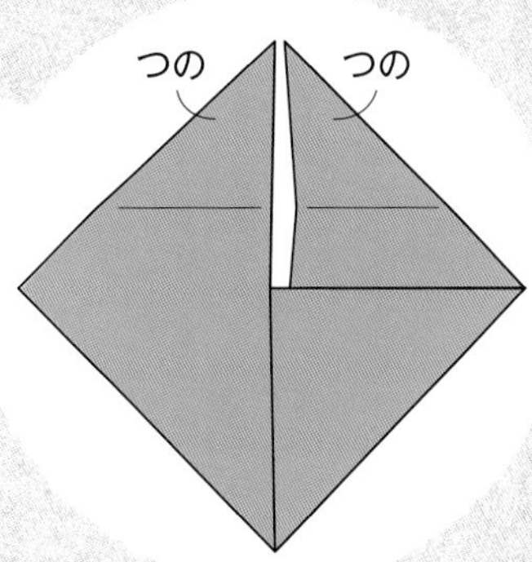


## 合体のしかた

### 合体パーツ完成！

パーツⒷ

パーツⒶ

Ⓐのつのを Ⓑのコップのようになっているところにさしこんで合体

うら側も

ⒶのコップのようになっているところにⒷをさしこむ。

この合体パーツを17色つくる。

## 完成！

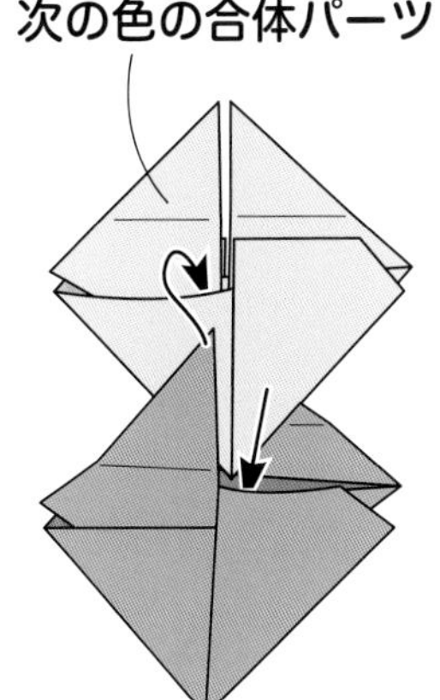


次つぎとさしこんでつないでいく。

最後につのを折りこむ。

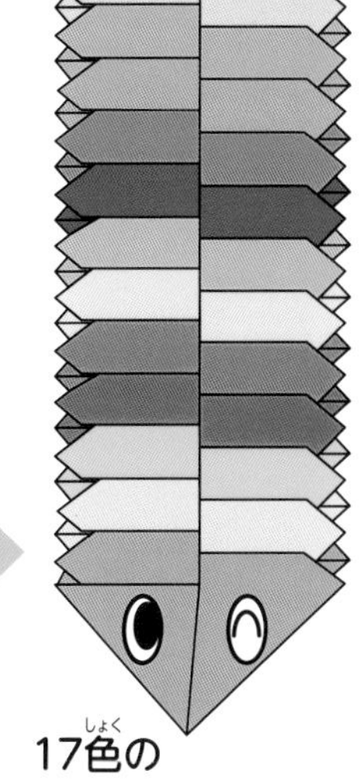

17色の合体パーツがつながった！

# 教室でチャレンジ! SDGsワークショップ

## ④ SDGs新聞をつくろう

著／稲葉茂勝
監修／竹泉　稔

多賀町ネイチャークラブ
自然を知ろう楽しもう!
6月12日 芹川踏破隊
7月10日 伊吹山自然観察
10月7日
11月1日 桃原のゴボウ掘り

世界各国の水とSDGs
安心して飲める水は皆の所に届く??
水でエネルギー
安全な水で良いことたくさん!!
井戸をきっかけに人々の衛生意識がよりよい方向へ!?

# はじめに

最近よく聞くようになった「ワークショップ」という言葉は、もともと英語の workshop からきたもので、「作業場」「仕事場」という意味です。それが、いまでは「あるテーマにしたがって、みんなが主体的に課題を体験しながら学ぶ場所」という意味でつかわれるようになりました。

そこでぼくは、①折り紙　②ポスター　③絵手紙・かるた　④新聞　⑤タギング　といった作業を体験しながら、SDGsをより深く学び、そして、みんなでひろめていくための「SDGsワークショップ」をしようと考え、小学校や地域のイベントなどさまざまな場所で実践してきました。

ぼくは、この本をつくる前に「SDGsのきほん 未来のための17の目標」全18巻、『これならわかる！SDGsのターゲット169徹底解説』『教科で学ぶSDGs学』など、SDGsに関する本を30冊以上書いてきました。なぜなら、SDGsについてみんなに知ってもらいたいことがたくさんあったからです。

そして今回は、「SDGsワークショップ」を開いたり、本を書いたりしてみんなに学んでもらうだけではなく、SDGsをひろめていくための5つの提案をさせていただきます。

1 はじめてのSDGs 折り紙からはじめよう
2 SDGsポスターをかこう
3 SDGs絵手紙・かるたをつくろう
4 SDGs新聞をつくろう
5 SDGsタギングに挑戦 さがそう！身近なSDGs

この本を手にとってくれたみんなは、SDGsについてたくさんのことを知っているでしょう。でも、この本ではSDGsについてぼくなりの説明をしますので、みんなの知識を確認し、よりしっかり定着させてください。そのために、「Q（クイズ）」を入れたり、「ものしりコーナー！」をつくったりと、さまざまなくふうを試みました。

SDGsの17の目標達成のための努力は、だれ一人として、しないわけにはいきません。それは、「自分だけが感染症にかからない」「戦争が起こっても巻きこまれない」などといえないのと同じです。

みんなで努力をしていかないと、地球は、世界は、人類は、持続不可能になってしまいます。人類を持続可能にするために、みんなで目標達成に向けて努力しなければなりません。SDGsは、すべての人びとが達成のために努力すべき目標なのです。

子どもジャーナリスト
Journalist for Children
稲葉茂勝

# もくじ

## パート1 知識編「これだけはおぼえておこう」

## パート2 実践編「こうすればいいんだ！」

## パート3 役立ち資料

＊本文中に青い文字で示した用語を解説します。

# 1 いまさら聞けないSDGs

**日本は「縦書き」と「横書き」とがまじっている、世界でもめずらしい文字文化のある国です。その日本では新聞のほぼすべてが縦書きですが、「SDGs」という文字は、どのように表記されるのでしょうか。**

## SDGsは縦書き！

現在の日本の新聞では、縦書きの文章にふくまれる数字には、「算用数字」がつかわれています。1けたと2けたの数字は文中にそのまま縦に1マスで入れますが、3けたの場合になると、右のように3マスつかって表示されています。また、「2022年」のような年号も4つの数字を縦にならべますが、はじめの20を省略して、「22」だけを、1マスに入れる場合もあります。電話番号も、算用数字を縦にならべて表示します。

アルファベットで表記される人名や書名などは、1文字ずつ横にたおして表記します。また、URLやメールアドレスも、1文字ずつ横向きにして縦書き文に入れこみます。

ところが、同じアルファベットでも、ITやAI、SNS（→p38）、GPS（→p38）などのように日本語として一般的につかわれている2～3文字の英語の略称などは、縦に書きます。

SDGsも一般的につかわれている略称なので、やはり縦書きにされることが多くなっています。ただし、横書きにすることもあります。

国連広報センターは十七日、SDGメディア・コンパクトに加盟する新聞社、テレビ局など百八社とともに気候変動対策を呼び掛けるキャンペーン「1・5℃の約束―いますぐ動こう、気温上昇を止めるために。」を開始すると発表した。共同キャンペーンは世界初の試みとなる。中日新聞社（東京新聞）も参加する。＝Q&A❷面

ジュネーブ国際音楽コンクールで3位に入賞したピアニストの五十嵐薫子さん©Anne-Laure Lechat

公開します▽未発表に限り、投稿はお断りします▽はがき103・8601日本橋郵留、読売新聞東京本社USO係＝、ファクス＝03・321 8229＝、メール＝tousl yomiuri.com＝で。QRコードからも投稿できます。

の女子大学生がファンに刺される事件が起き、17年にはSNSなどの書き込みも対象になった。21年には全地球測位システム（GPS）

ひらく日本の大学

「全学生に

ビッグデータをAI（人工知能）などで分析し、社会… ス（DS）。こうした分野を学ぶ「数理・DS・AI教… 学が、4分の1にのぼることが、朝日新聞と河合塾の… 分の1に達した。実施を検討する大学も多いが、課…

皆既月食と惑星食が重なったのは、日本では前回が1580年7月26日の土星食で、442年ぶりだった。次の「重なり」は、322年後の2344年7月26日の土星食。日本で見られる次回の皆既月食は、2025年9月8日という。

# Q1 縦書きの新聞で①～⑥の略称が表記される場合は、それぞれ縦書きと横書きのどちらで表記されているでしょうか？

①国連「UN」

②世界保健機関「WHO」

③国連開発計画「UNDP」

④SDGs目標15「LIFE ON LAND」

⑤国連難民弁務官事務所「UNHCR」

⑥Lはレズビアン、Gはゲイなど、性的少数者をあらわす「LGBT」「LGBTQ」「LGBTQ+」

⑥だけ答えを見せちゃおう。

自分がLGBTQであ
やパートナーがいることを
に明かしていない人は少なく
く、残されたパートナーは葬
に参列するのを遠慮したり、
族に参列を断られたりする
もあるという。葬送会社
イチ」（大阪府

## ものしりコーナー！

### どんなときに縦書き？　横書き？

日本では、新聞のほか、小説、国語の教科書、漫画のふきだしなどは「縦書き」が一般的で、論文や専門書、国語以外の教科書などは「横書き」がふつうだ。

本文のほぼすべてが縦書きの新聞は、紙面の全体が5～8段程度に分けられていて、上の段から順に右から左へ、次の段も右から左へとくりかえして読むようになっている。題字は縦書きと横書きとがある。小見出しは縦書きが多い。また、テレビ番組欄は横書き。表やグラフ、図、写真などの説明では文字は横書きが多くなっている（→p10）。

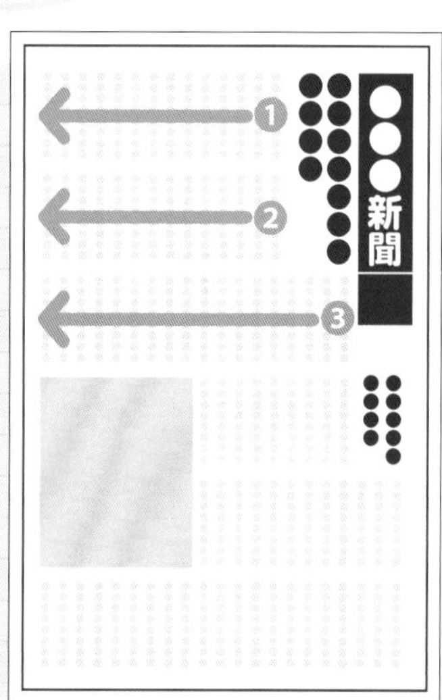


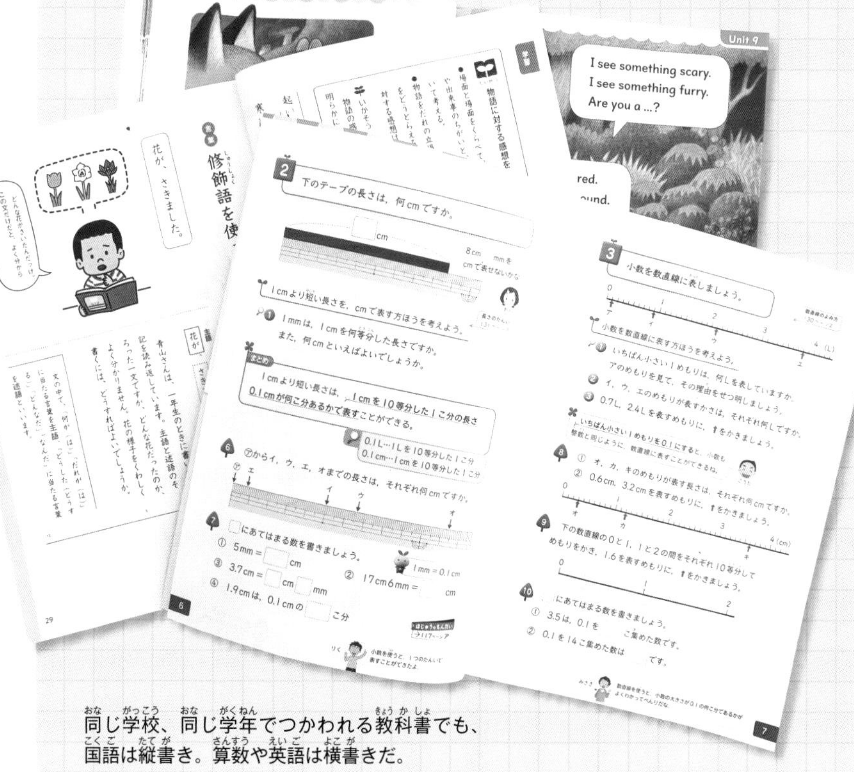


同じ学校、同じ学年でつかわれる教科書でも、国語は縦書き。算数や英語は横書きだ。

漫画のふきだし（せりふ）は縦書きが多い。ふきだしの外に書く文字は、縦書きも横書きもある。

①は横書き。②～⑥はすべて縦書き。

# 2 そもそも「新聞」とは

**「新聞」は、社会で起きているあらゆるニュースや出来事を人びとに伝えることを目的にして発行される、定期刊行物です。大きな紙を壁にはる「壁新聞」や、紙に印刷されたものではなくインターネットで配信されるものもあります。**

## いろいろな新聞

新聞といえば、たいていは日刊（毎日発行されること）の一般紙（「日刊紙」）をさしますが、2日ごと、1週間ごと、1月ごとに刊行される「隔日紙」「週刊紙」「月刊紙」というのもあります。それらは、特定の分野に関する情報を伝える「専門紙」や、地域で発行されている「コミュニティ新聞」、さまざまな団体が出す「機関紙」「業界新聞」や「会報」（これらも新聞の仲間）などに多く見られます。

企業、学校といった小さな範囲で発行される新聞もあります。学校で発行されるものは「学校新聞」、クラスごとに発行されるものは「学級新聞」といっています。学校新聞や学級新聞には、配るのにべんりな小さめの「配布新聞」や、大きな紙でつくる「壁新聞」などがあり、その内容は、学校生活全体から学習内容についてまで、さまざまです。

この本で見ていく「SDGs新聞」というのは、生活のなかでSDGsについて考えるもの、学習対象としてSDGsをあつかうもの（学習新聞）など、SDGsに関係することを取り上げた新聞全般をさします。

## 新聞の意義

かつて新聞は、人びとにニュースや出来事をいち早く伝える役割を果たしていました（「速報性」があった）。ところが、その後ラジオが発明され、さらにテレビが登場。いまではインターネットの発達により、新聞は、「速報性」で優位に立てなくなりました。それでも、保存しやすい、見返しやすい、信頼性（→p22）が高いなどの理由から、いまも人気があります。

学級新聞や学校新聞の場合には、学級や学校全体の連帯感を高めたり、新聞の機能や役割を学んだり、文章表現を学んだりする上でとても役立っています。「NIE」といって、学校などで新聞を教材として活用する取り組みも広くおこなわれています。

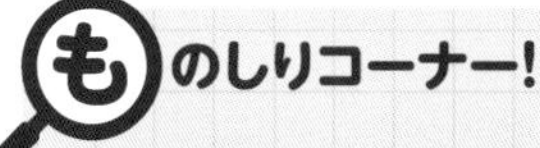



### NIE

NIEは、Newspaper in Education という英語の頭文字で、1930年代にアメリカではじまった取り組みのこと。日本では1985年に提唱され、1989年からは新聞各社が協力する機関「日本新聞協会（→p38）」が、教育界と協力して、「社会性豊かな青少年の育成や活字文化と民主主義社会の発展」などを目的に全国で運動を展開している。

## なぜSDGs新聞をつくるのか

日本新聞協会は、なぜNIEが必要かについて、次のようにいっています。

> いま子供たちに求められているのは、地域や社会の中で課題を見つけ、解決のために行動する力を育むことです。膨大な情報が行き交うインターネット社会で、正しい情報を取捨選択し、読み解く情報活用力も必要です。新聞の強みは、事件・事故、政治、経済から文化、スポーツまであらゆる分野の情報が網羅され、その一つ一つの記事が複数の目による厳しいチェックを経て世に出ている、信頼性の高いメディアであることです。
>
> 新聞を学校や家庭での学習に活用することで、社会への関心を高め、自分ごととして考えを深めることにつながります。学習指導要領の理念に沿った学びであり、主権者教育でもあります。子どもたちの学びに、ぜひ新聞を生かしてほしいと思います。
>
> 出典：NIEホームページ

左の赤い線で囲まれた文章で、2行目からの「解決のために行動する」を「SDGsの目標達成のために行動する」に置きかえると、新聞をこのシリーズに組みこんだ理由がわかるはずです。

もとより、SDGsは人類の目標であるといっても、目標達成のためにみんなができることは、身近な「地域や社会の中で課題を見つけ」ていくことです。このことは、この文章のいう「解決のために行動する」ことにぴったりだといえるでしょう。

この本では
新聞づくりを体験しながら、
新聞とSDGsの両方を
学んでいくよ。

# 新聞基礎知識（1）

**ここでは新聞について、どんな種類があるのか、どのように構成されているか、記事のまとめ方など、基本となるさまざまな情報を簡潔にまとめておきます。**

## 「新聞大国・日本」といわれるわけ

日本で１日に発行される新聞の部数は、全体で3302万部以上になります＊。これは、世界的に見てもトップクラスで、日本が「新聞大国」とよばれる背景になっています。

＊日本新聞協会ホームページより（2021年10月調べ）。

新聞は家庭のほか、駅の売店やコンビニエンスストアなどにも毎日とどけられる。写真では、左列に全国紙が、右列にスポーツ紙が立てられている。左列下は英字新聞。

## ●新聞の種類

| | | |
|---|---|---|
| 一般紙 | 全国紙 | 全国を対象にほぼ毎日発行される「日刊紙」。読売新聞、朝日新聞、毎日新聞、日本経済新聞、産経新聞（5つまとめて五大紙という）。発行部数が多い。 |
| | 地方紙 | ある地域に密着した記事が多い。日本新聞協会に加盟する地方紙は約70社。 |
| | ブロック紙 | 地方紙のうち、複数の都道府県にまたがる広い地域を対象に発行される新聞。北海道新聞、中部新聞、中日新聞、西日本新聞、東京新聞など。 |
| | 夕刊紙 | １日１回、夕方に発行される（一般紙は、朝・夕の２回が多い）。夕刊フジ、日刊ゲンダイなど。 |
| 子ども向け新聞 | | 読売KODOMO新聞、朝日小学生新聞、毎日小学生新聞、読売中高生新聞など。 |
| 産業紙 | | 各産業分野のくわしい情報をのせた新聞。日経産業新聞、日経流通新聞、日経金融新聞、日刊工業新聞など。 |
| 業界紙・専門紙 | | スポーツ紙など、特定の業界や専門分野に関する情報を広く掲載。全国紙にのらないような細かいニュースも多い。 |

## ものしりコーナー！

小学生、中高生など子ども向けの新聞は、子どもの関心が高い話題をもりこむほか、漢字にふりがなをつけたり用語解説をつけたりして、読みやすくつくられている。子ども向け新聞には、有料で購読するもののほか、新聞本紙に折りこまれる別刷りタイプや新聞本紙の一部として発行されるタイプなど、さまざまな形態のものがある。

### 子ども向けの新聞

## 新聞全体の構成

たくさんの情報を伝えるのが役目である新聞。朝刊でいうと、全体で100〜300本のニュースがのっているといわれています。

新聞の紙面の数（新聞ではページのことを「面」という）は、全国紙ではだいたい30〜40面。海外、国内、地域、スポーツなど、情報の分野ごとに分けられています。

### ●各面の名称とおもな内容の例
（名称は新聞社によってことなる）

| | |
|---|---|
| 1面 | 新聞の題字（→p10、17）がのっている面。題字のすぐ横にのっているのが、新聞社がいちばん重要だと判断したニュース（→p10）。 |
| 総合面 | 日本国内・県内の政治を中心にした、さまざまなニュース。 |
| 国際面 | 外国の政治や事件・事故などの話題。 |
| 経済面 | 県内や日本国内・海外の産業、経済の動きなど。 |
| オピニオン | 社説や意見・読者の声など。 |
| 文化面 | 文芸、美術、歴史などの話題。 |
| スポーツ面 | スポーツに関する最新ニュースなど。 |
| くらし面 | 衣食住を中心に、医療・福祉、園芸などに関する情報を掲載。 |
| 芸能面 | 音楽、映画、演劇などの話題。 |
| 科学面 | 最新の科学のニュース、また、科学者のコラムなどの話題。 |
| 地域面 | 地域における身近な話題。 |
| 社会面 | 事件・事故や、その地域のさまざまな話題。 |
| テレビ・ラジオ面 | テレビやラジオなどの番組表。 |

※上は「東京新聞」の場合。広告面はぬいてある。

# 新聞基礎知識（2）

次に、新聞の１面がどうなっているのか（基本構成）をくわしく確認してみましょう。なぜなら、みんなが新聞をつくる場合、１面を見本としてつくるからです。また、新聞の記事の書き方の基本についてもしっかり見ておきましょう。

## 新聞の１面のつくり

新聞全体のなかで、とくに大きなニュースを集めているのが１面です。そこにのっていることは、題字にはじまり下のほうの広告まで、全国紙、ブロック紙ではだいたい同じようになっています。下は、ブロック紙のひとつ「東京新聞」の１面です。

**号数**：創刊（1号）から、その日の新聞までの通し番号（朝刊と夕刊は同じ番号）。

**見出し**：一目で記事の内容がわかるように、大きな字で書いてある。縦書きの見出しと、横書きの見出しがある。

**発行年月日**：新聞が発行された日。

**題字**：デザインされた文字で示された新聞名。

**第3種郵便物**：日本郵便の認証を受けた定期発行物であることを示す。

**発行者**：新聞を発行している会社の名前や住所、連絡先など。

**トップ記事**：題字のとなりにある記事。その日の記事のうち、いちばん大きく、読む人にいちばん伝えたいニュース。

**リード（前文）**：記事の最初の段落のこと。記事全体のあらすじがまとめてある。要約。

**もくじ**：掲載されている記事のうち、おもなものを紹介。

**写真・図版**：記事の内容をよりくわしく伝えるためにのせる。

**本文**：リードに続く、記事の2段落目以降の部分。ニュースをくわしく書いている。

**広告**：書籍広告などの広告は、企業が新聞社にお金をはらって掲載してもらうもの。新聞社は、広告料金を新聞をつくる費用の一部にあてている。

東京新聞
2022年（令和4年）6月17日 金曜日
第28554号

東京５増 世田谷２分割維持

衆院 関東67選挙区見直し

区割り審勧告 全国の半数対象

1.5℃の約束 国連とメディア108社 キャンペーン開始

いますぐ動こう、気温上昇を止めるために。

医学部入試で不正 女性受験生ショック

東京の感染者 1,819人

ここで見たような新聞の第１面の構成を参考にして、学級新聞をつくるといいね。もちろん、この本のテーマである「SDGs新聞」もだよ。でも、「SDGs新聞」という題字にする場合、右上に縦に「SDGs」と書くかどうかは、４ページを読んで検討しなくてはならないよ。

## ５Ｗ１Ｈと逆三角形

文章には、読む人に、より伝わりやすくするための基本的な書き方があります。その１つが「５Ｗ１Ｈ」です。みんなが新聞をつくる上でも「５Ｗ１Ｈ」が基本です。

●５つのＷ

- **Who** **だれが**：それをした人がだれか？
- **When** **いつ**：その出来事が起きた日時や季節など
- **Where** **どこで**：その出来事が起きた場所
- **What** **何を**：出来事やものごと
- **Why** **なぜ**：その出来事が起きた理由や目的

●１つのＨ

- **How** **どのように**：その出来事がどのようにして起きたか、その方法

また、５Ｗ１Ｈは、下の逆三角形のように伝えたいことやたいせつなことを記事の前段（前のほう）にもってくると、より、読み手に伝わりやすいといわれています。このため、新聞記事は、「逆三角形」の文章だといわれることがあります。

**①見出し（記事の要点）**
記事の要点。内容が一目でわかるようにする。

**②リード（前文）**
ここだけ読めば記事全体がわかるように、記事を要約する。

**③本文**
内容をくわしく書きこむ。うしろにいくほど、こまかい内容になる。

**④用語解説**
本文を読むための手助け。

文字量ではなく、重要な度合いを逆三角形の形であらわしたもの。

いちばん大事なこと（書きたいこと、伝えたいこと）を書く。
２番目に大事なことを書く。
３番目に大事なことを書く。

When　What　Who　Why　Where　How　③本文

### 「世界難民の日」の20日にライトアップ

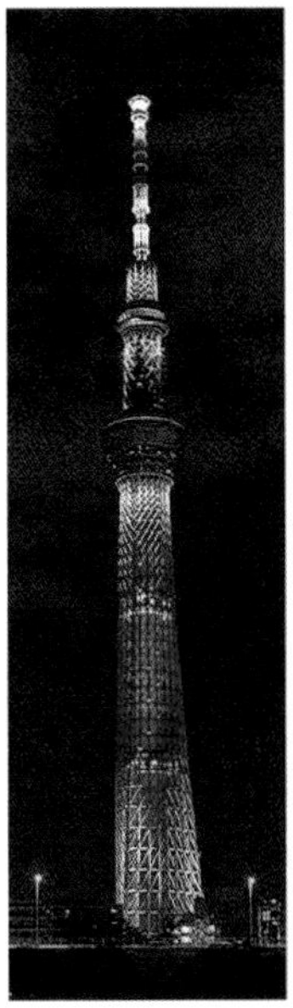

スカイツリーなど41ヵ所

東京スカイツリー（墨田区押上）は、国連が定める「世界難民の日」の二十日、国連の青いシンボルカラーに合わせた特別ライティング＝写真、©ＴＯＫＹＯ－ＳＫＹＴＲＥＥ＝を実施する。点灯は午後七時四十五分～十時。

難民問題への関心を高めようと、国連難民高等弁務官事務所（ＵＮＨＣＲ）駐日事務所が主催するライトアップイベントの一環。スカイツリーでの点灯は二〇一九年以来三度目。同日、隅田川橋梁や東京ドームなど全国四十一カ所の施設が青く染まる。

文京区も同様に、医療従事者らへの感謝の思いも込めて二十日から二十六日までの午後七～九時、[illegible]シビックセンター（春日一）[illegible]の三角屋根を青色にライトアップ[illegible]する。（三宅千智、小形佳奈）

①見出し　②リード

### 協力相手 国連から米へ

### ＰＫＯ協力法30年 自衛隊活動範囲が拡大

自衛隊の本格的な海外派遣に道を開いた国連平和維持活動（ＰＫＯ）協力法は十五日で成立三十年を迎えた。その歳月の中で派遣目的はＰＫＯ参加から対米協力へシフト。イラク復興支援などの経験を積んだ日本は、第二次安倍政権による安全保障政策の大転換を受け、自衛隊と米軍との協力を地球規模に拡大した。中国、北朝鮮への抑止力強化が狙いだ。憲法九条を礎とする戦後日本の平和主義が揺れる。

ＰＫＯ協力法は一九九二年六月十五日、当時の自民、公明、民社の三党が社会、共産両党、社民連の抵抗を押し切り成立させた。旗印は「国連中心主義」だった。政府はこれを受け、カンボジアに自衛隊を派遣。当時の宮沢喜一首相は「国連協力をする上で憲法が障害になるとは考えていない」と国会で答弁している。

潮目が変わったのは二〇〇一年九月の米中枢同時テロ後だ。報復攻撃を控えた米国からの要請を受け、特別措置法を制定して海自補給艦を十一月にインド洋へ派遣。米艦などへの給油を担った。国連への協力だけでなく、戦時中の米国の後押しに踏み出した形だ。

〇三年のイラク戦争を受け対米支援を加速。洋上補給にとどまっていた自衛隊の活動範囲を、イラク復興支援特措法を制定し同国領土へ広げた。

第二次安倍政権による一六年三月の安全保障関連法施行後は、自衛隊と米軍の一体的運用は「以前とは比較にならないほど高いレベル」（自衛隊幹部）になった。宇宙、サイバー空間など新領域でも防衛協力が進展する。

一方、自衛隊から国連ＰＫＯに派遣されているのは現在、国連南スーダン派遣団（ＵＮＭＩＳＳ）に所属する司令部要員四人だけだ。部隊派遣は一七年五月に撤収した南スーダンが最後になる。

南スーダンＰＫＯを巡っては、派遣中の陸自部隊が一六年七月の大規模戦闘発生時、武器携行命令を全隊員に出していたことが判明。停戦合意などＰＫＯ参加五原則との整合性が問われた。部隊が日々の活動を報告する日報の隠蔽問題も浮上。当時の稲田朋美防衛相らの辞任に発展した。

**日本のＰＫＯ派遣** 1992年に成立した国連平和維持活動（ＰＫＯ）協力法に基づく自衛隊の海外派遣は、国際救援活動や選挙監視活動を含め計29件、派遣人数は延べ約1万2500人。ＰＫＯ部隊の派遣の際、憲法9条が禁じる武力行使との一体化への懸念から①紛争当事者間の停戦合意②紛争当事者による日本のＰＫＯ参加への同意③中立的立場の厳守④以上のいずれかが満たされなくなった場合の即時撤退⑤要員の生命保護など必要最小限の武器使用－の5原則を設けている。

④用語解説

※p9～11の紙面はすべて東京新聞2022年6月17日朝刊より。

# SDGsはどのように報じられてきたか？

ここでは、大阪大学を拠点とするメディア研究機関 Global News View（GNV）が発表したレポートを紹介します。みんなが「SDGs新聞」をつくるにあたって、よい参考資料になるでしょう。

## SDGsの報道、6年間で46倍に急増

GNV（→p38）は、2022年３月17日、これまで新聞がSDGsについてどのように報じてきたかを細かく分析して発表しました。それによると、朝日新聞では、SDGsに関係する記事の数が、2015年は10件未満、2019年になると200件台となり、2021年には300件台にまで増加。「2015年と比較すると2021年の報道はおよそ46倍もあり、激増といってもいいだろう」と指摘しました。

●SDGsに関連する単語をふくむ記事件数（朝日新聞）

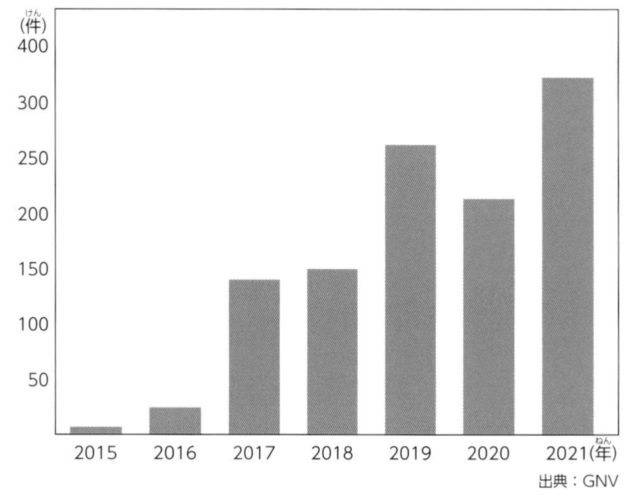


出典：GNV

GNVのサイトでは、SDGsを国内にひろめようと、岸田文雄外務大臣（2017年当時）が当時人気絶頂だったお笑い芸人の古坂大魔王氏の表敬を受け、いっしょにSDGsをPRしているようすが掲載された。

GNV
GLOBAL NEWS VIEW

GNVについて　Global View　News View　Podcast　Monthly Reports　ICHIMAI World　English

SDGsはどのように報じられてきたか

Kaoru Kataoka　2022年3月17日

今やSDGsという言葉を聞かない日、もしくはSDGsのカラフルなロゴを目にしない日はないのではないだろうか。それほどまでに、SDGsという言葉は浸透し、日本では日常の一部になりつつある。時には、再利用素材で作られたペット用のウェディングドレスがサステイナブルな取り組みの事例としてニュース番組で取り上げられることさえあり、社会や経済のあらゆる側面がSDGsに関連づけて語られているような印象も受ける。わたしたちが普段触れているSDGs報道は持続可能でない世界の実態をどのように映し出し、あるべき未来をどのように描いているのだろうか。SDGs報道の分析からその実態に迫った。

検索キーワードを入力して、Enterキーをク

RECENT　TAGS

揺れ動くフェルガナ盆地とその周辺
Global View
2022-12-01(Thu)

ジンバブエのHIV/AIDS対策
ICHIMAI World
2022-11-29(Tue)

カタール国立博物館
ICHIMAI World
2022-11-26(Sat)

アルコールはなぜ規制されないのか
Global View
2022-11-24(Thu)

夕日に照らされるランドマーク：クウェート
ICHIMAI World
2022-11-22(Tue)

## 目標ごとに大きな差

GNVのレポートは、SDGsの17個の目標のうち、どの目標がどれくらい多く報道されたかについても調査しました。たとえば、2021年のSDGs関連記事321件のうち、SDGsの目標番号を示して報道しているのは、165本。そのうちの47本に目標12が登場。目標12に関連する目標14、目標15を取り上げた記事をふくめると107本*にのぼりました。

そのいっぽうで、下に示すように、取り上げられる回数が少ない目標もあったことが判明。このことからGNVでは、「注目される目標と注目されない目標のあいだに大きな差があることがわかった」としました。

**●165記事中、登場回数が少なかった目標**

- 目標6「安全な水とトイレを世界中に」(4回)
- 目標17「パートナーシップで目標を達成しよう」(4回)
- 目標16「平和と公正をすべての人に」(1回)

＊目標14・15の両方を取り上げた記事をふくむ。

## みんなに役立つ指摘

GNVレポートでは、「それぞれの目標がどのような文脈で語られているのか」も分析しました。その結果、たとえば目標12「つくる責任つかう責任」を取り上げた記事42本中、34本に「食品ロス(→p38)」や「リサイクル」に関連するキーワードがふくまれていることがわかりました。いっぽう、目標12の達成に欠かせない「税制の改正」といったキーワードがつかわれる回数はぐっと少ないことがわかりました。これによりGNVは、複数の目標がからみあっていることや、1つの目標のなかでも注目される側面とされない側面があることを示したのです。

## SDGsに対する批判的な記事も

SDGsの取り組みについて、今回GNVが調べた記事では、すべてが肯定的に報じられていたわけではありませんでした。GNVは、321件の記事のなかには「高所得国でSDGsが達成されたように見えても、そのしわ寄せが低所得国にくることに警鐘を鳴らす記述や、現状の格差を生み出してきた構造や格差を指摘するものもあった」と指摘。また、SDGsの達成が困難であると言及した記事も2件あったと報告しています。

## GNVのまとめのコメント

下に記すのは、GNVレポートの最後に記されたまとめの部分で、新聞でいえば「コラム(囲み記事)」にあたるものです。

みんなが「SDGs新聞」のコラム記事をまとめるとき、どんな内容で、どうまとめたらいいのかわからないときに参考にしてほしいから、少しむずかしいけど、元の文章のままのせるよ。

報道は、ありのままの世界を映し出す「鏡」としての役割を担っているはずである。そうであればこそ、SDGsのような目標を必要とする世界をありのまま映し出し、現状の課題を問い直していく必要がある。今回の調査から、SDGs報道の中で特定の国や目標、ターゲットに焦点が当てられている実態が明らかになった。また、企業や日本国内の目線で「できることから」行われる取り組みや、SDGsの各目標のターゲットの意味が精査されぬまま曖昧なフォーキャスティングになっている取り組みの数々をそのまま報じるメディアの姿勢が見えてきた。報道の自国中心的な姿勢が批判される中、SDGsこそ自国中心的な姿勢でいては達成に近づくことすらできないとメディアが気付くのはいつになるのだろうか。

※12・13ページの内容は、Global News View(GNV)公式サイト内の2022年3月17日付の記事を参考に作成。「 」部分や上記囲み部分は引用。

パート2 実践編「こうすればいいんだ！」

# 1 あらためて考えよう「SDGs新聞」

「SDGs新聞」とは、SDGsをテーマにした新聞のことです。パート1で見たように、SDGsに関係したことを取り上げるものなら、形式や内容は自由です。また、新聞のタイトルも、もちろん自分で決めてかまいません。むしろそのほうがいいのです！

## 2種類の「SDGs新聞」

6ページにあるとおり、学級新聞の内容は、学校生活全体から学習内容についてのものまでさまざまです。

同じように、「SDGs新聞」というのも内容はさまざまですが、「生活のなかでSDGsについて考えるもの」と「学習対象としてSDGsをあつかうもの」の大きく2種類の内容が考えられます。

A、Bどちらも、SDGs全体や、17個の目標の1つか複数についての「SDGs新聞」にできるよね。このことは、8～11ページで見た実際の新聞記事やサイトがそうなっていることからもわかるはずだよ。

**A 生活のなかの、SDGsに関係する話題を取り上げ、考える新聞**

日常生活のなかで感じるごみ問題などの課題や、エネルギーの節約といった対策などについてまとめる。

**B SDGsを学習の対象にした新聞**

地球温暖化の原因、オゾン層（→p38）破壊の原因など、調べた情報や学習して得た知識などをまとめる。

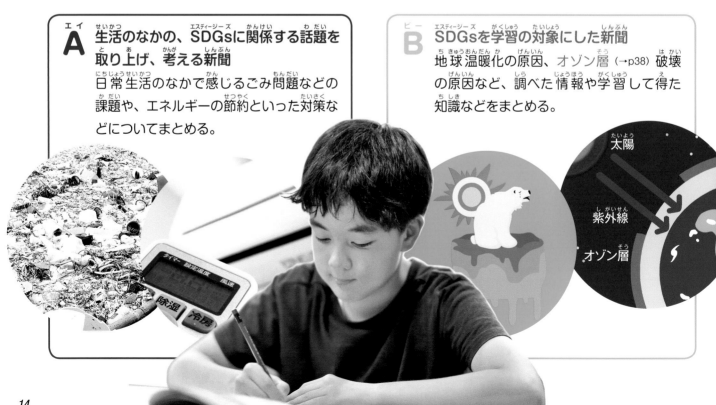

除湿
冷房
太陽
紫外線
オゾン層

# 日本の「SDGs達成状況」

**ここでは、毎年6月になるとよくニュースに取り上げられる「SDGs達成状況」の各国のランキングについて見てみます。このようなSDGsに関係する資料が、ほかにもいろいろあります。みなさんの「SDGs新聞」づくりの参考にしてください。**

## 上位の国は北欧、日本は？

ドイツの「ベルテルスマン財団」と国際的な研究組織「持続可能な開発ソリューション・ネットワーク（SDSN）」は共同で、SDGsの目標について各国がどのていど達成できているかを点数化し、その点数（達成度）のランキングなどを発表しています*。

2022年6月のこの資料からは、国連に加盟している193か国のうち、データのある163か国（2022年発表時）の「SDGs達成状況」がわかります。また、17個の目標ごとに各国の達成度や達成度の国際比較をしたランキングなどもわかります。

2022年の報告書によると、上位3位が北欧の国ぐにでした。日本は79.6点で、163か国中19位でした（前年は18位）。

＊Sustainable Development Report（持続可能な開発レポート）。

**●SDGs達成状況が上位の国**

| 順位 | 国名 | 点数 | 順位 | 国名 | 点数 |
|---|---|---|---|---|---|
| 1 | フィンランド | 86.5 | 11 | イギリス | 80.6 |
| 2 | デンマーク | 85.6 | 12 | ポーランド | 80.5 |
| 3 | スウェーデン | 85.2 | 13 | チェコ | 80.5 |
| 4 | ノルウェー | 82.3 | 14 | ラトビア | 80.3 |
| 5 | オーストリア | 82.3 | 15 | スロベニア | 80.0 |
| 6 | ドイツ | 82.2 | 16 | スペイン | 79.9 |
| 7 | フランス | 81.2 | 17 | オランダ | 79.9 |
| 8 | スイス | 80.8 | 18 | ベルギー | 79.7 |
| 9 | アイルランド | 80.7 | 19 | 日本 | 79.6 |
| 10 | エストニア | 80.6 | 20 | ポルトガル | 79.2 |

出典：Sustainable Development Report 2022

こうした情報を新聞記事にしたら、
価値は高いよね。自分なりにどのように
伝えたらよいかを考えて、
5W1H（→p11）に気をつけながら
記事を書いてみるといいね。
グラフなどもくふうして、
よりわかりやすいものをつくろう！

**●日本の「SDGs達成状況」**

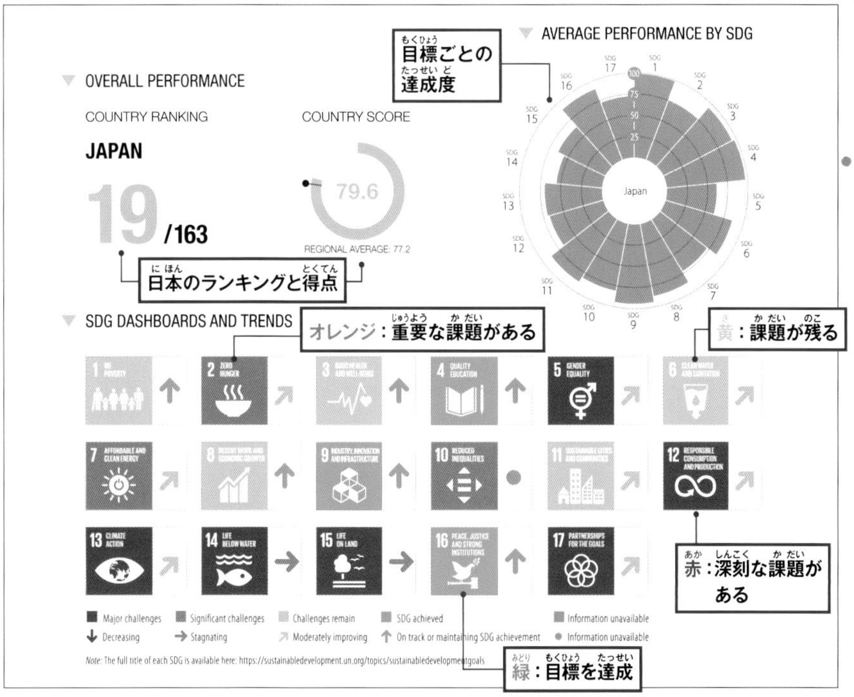

OVERALL PERFORMANCE
COUNTRY RANKING
JAPAN
19 /163
COUNTRY SCORE
79.6
REGIONAL AVERAGE: 77.2
日本のランキングと得点

AVERAGE PERFORMANCE BY SDG
目標ごとの達成度

SDG DASHBOARDS AND TRENDS
オレンジ：重要な課題がある
黄：課題が残る
赤：深刻な課題がある
緑：目標を達成

Major challenges / Significant challenges / Challenges remain / SDG achieved / Information unavailable
Decreasing / Stagnating / Moderately improving / On track or maintaining SDG achievement / Information unavailable

Note: The full title of each SDG is available here: https://sustainabledevelopment.un.org/topics/sustainabledevelopmentgoals

出典：Sustainable Development Report 202（赤い引き出し線と囲みは編集部追加）

## 3つの目標を達成、ほかは？

日本は、17の目標のなかで目標4「質の高い教育をみんなに」、目標9「産業と技術革新の基盤をつくろう」、目標16「平和と公正をすべての人に」について、「目標を達成」していると評価されました。いっぽうで、目標5「ジェンダー平等を実現しよう」、目標12「つくる責任 つかう責任」、そして目標14、15の「海の豊かさを守ろう」「陸の豊かさも守ろう」など、6つの目標の達成については、「深刻な課題がある」という評価でした。

# 2 どんな新聞にするか？

**次は、どんな「SDGs新聞」をつくるかを決める手順を見てみます。壁新聞か、印刷して配る新聞か、SDGs自体を取り上げた新聞か、17個の目標を個別にテーマにした新聞か、などを考えましょう。**

## 壁新聞？　配布新聞？

「壁新聞」にするか「配布新聞」（印刷して配る新聞）にするかは、だれに読んでもらいたいかで決まります。クラスの友人たちなど、読んでもらえる人が決まっているなら、人数分を印刷して配れる大きさの配布新聞をつくることになります。

だれが読んでくれるかやその人数がわからない場合は、壁にはる「壁新聞」が適しています。壁新聞も配布新聞も紙面構成は同じで、紙の大きさがちがうだけです。

●**壁新聞**
模造紙（発表などにも用いる大判の紙）などを使用
●**配布新聞**
A4やB4サイズを縦にしてつかうのが一般的

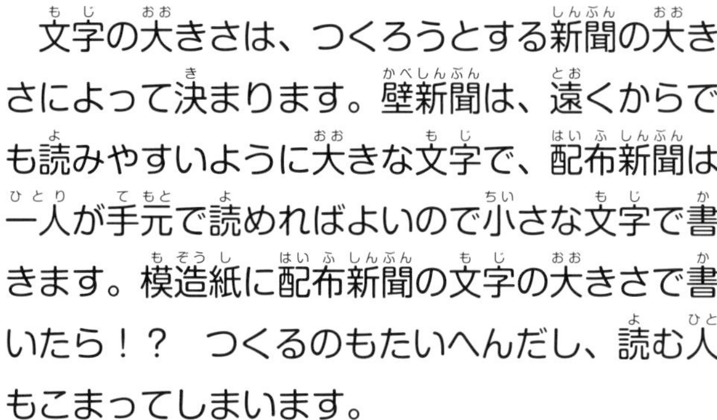

文字の大きさは、つくろうとする新聞の大きさによって決まります。壁新聞は、遠くからでも読みやすいように大きな文字で、配布新聞は一人が手元で読めればよいので小さな文字で書きます。模造紙に配布新聞の文字の大きさで書いたら！？　つくるのもたいへんだし、読む人もこまってしまいます。

次に、何をつかって書くかが重要です。壁新聞の場合は、えんぴつやボールペンだと線が細く小さな文字になってしまうため、太い線が書けるフェルトペンがいいでしょう。フェルトペンの太さは、どのような記事を、どのくらいの大きさの文字で書くかによって決まります。ふつうは、題字や見出しなど大きな文字を書くには太いマジックペンを、本文など小さな文字を書くには、細いマジックペンをつかいます。

クラス全員がつくった
配布新聞をそれぞれクラスの人数分
印刷したら、費用もかかるし、
配られるほうもこまってしまう
かもしれない。配布新聞を印刷せずに
教室の壁にはって、みんなが
見られるようにするのも
いい方法だね。

## 新聞の構成と内容

下は、一般の新聞の１面の基本構成（→p10）を参考にして、みんながつくる新聞の構成例を示したものです。これを参考にして、みんなのオリジナルの「SDGs新聞」をつくるといいでしょう。

なお、SDGsに関することなら何を書いても「SDGs新聞」になると、先に記しましたが、それはSDGsについて書いてさえいれば、書き方や内容が何でもいいというわけではありません。新聞ですから、新聞らしくつくる必要があります。８～11ページをもう一度読み返してから、右の「手順」に進むといいでしょう。

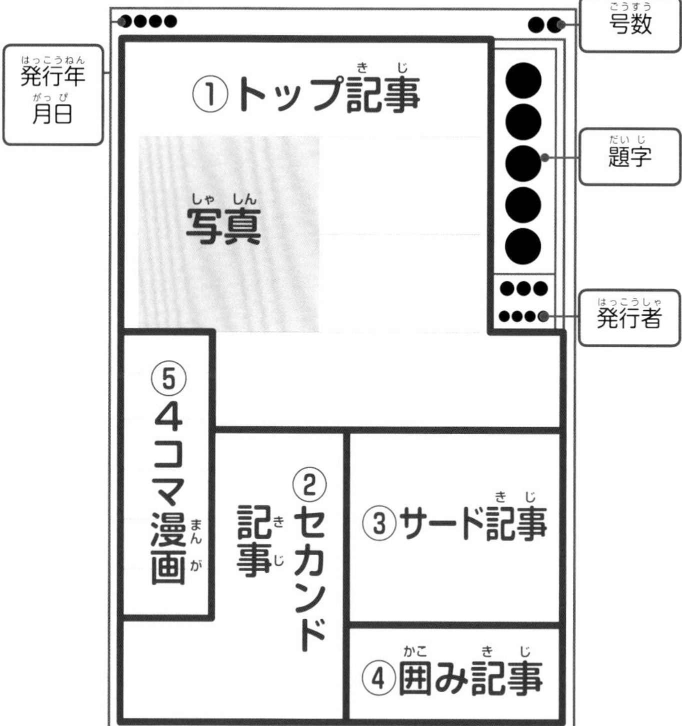


壁新聞なら、いちばん伝えたい重要な記事（トップ記事）は上に大きく書こう！
２番目（セカンド記事）、３番目（サード記事）と、重要度の順にあつかいを小さくして、ほかに、もっと小さなニュースを「囲み記事」にしたり、４コマ漫画（→３巻p19）などをあわせたりして、５つほどの記事で割りつけるとバランスがよくなるよ。

## 一般的な手順とポイント

いよいよ新聞をつくっていきます。ここでは、その作業の手順をまとめておきますので、参考にしてください。

① **新聞の名前を決める。**新聞のテーマや目標にふさわしい新聞名を考える。３～４字くらいが目安（「SDGs新聞」なら４文字）。紙面には新聞名をデザインした字でのせる。題字は新聞の顔！

② **つくる新聞のテーマを決める。**自分がふしぎに思っていること、みんなが興味のあること、学校で習っていることなど、身近なところからさがすとよい。

③ **「割りつけ」を考える。**割りつけは「レイアウト（→p38）」ともいい、紙面のどこにどれくらいの分量の記事を配置するかを決めること。用紙に記事を書き入れる前に、配置を示す線を引いておくとよい（えんぴつでうすく書いておくと、あとで消せる）。

④ **取材をする。**取材は「材料」を「取る」こと。人に会ってインタビューをする、現地に行って見聞きしたことを書くなどのほか、図書館やインターネットを利用して情報を集めることも「取材」にふくまれる。取材では、ノート、録音機器、カメラなどでしっかり記録しておく。

⑤ **記事を書く。**④で取材した内容を③で決めた分量にあわせて文章にする。５W1H（→p11）や、大事なことをはじめに書くことを意識すると、短くても伝わりやすい文章になる。

⑥ **見出しとリードを決める。**見出しは短く記事のポイントをつかんだ言葉で、A4の新聞なら10文字程度を目安にする。リードは本文を短くまとめた文章で、これだけ読めば「何の記事か」がわかるようにするのが理想的。

⑦ ⑤で用意した記事、⑥の見出し・リードに、写真やイラスト、表の位置も考えて**紙面に書き入れる。**色わくをつけたり、目立たせたい文字を太くしたりして、見せ方をくふうする。

⑧ 誤字・脱字がないかなどを**チェックする。**

## つくりっぱなしはいけない！

7ページで見たNIEの意義のなかの、「新聞を学校や家庭での学習に活用することで、社会への関心を高め、自分ごととして考えを深めることにつながる」について、ここでもう一度考えてみましょう。

これは、「SDGs新聞」に関していえば、みんながつくった「SDGs新聞」を活用することで、「社会への関心を高め、自分ごととして考えを深めることにつながる」ようにしなければならないということです。つまり、つくりっぱなしはいけないという意味です。つくりっぱなしにしないためには、右のことをおこなうといいでしょう。

- みんなの「SDGs新聞」を広く展示する。
- みんなの「SDGs新聞」について、よいところ、学べるところなどを話しあう。
- みんなの「SDGs新聞」からわかったことを、自分のために整理して記録したり、いま自分にできることを考えて、それをみんなに伝える、など。

よく、「SDGsは『自分ごと』にしなければならない（他人ごととしない）」といわれているよ。みんなのつくった「SDGs新聞」に学び、みんなが問題にしたことも「自分ごと」にするようにしようね。

下の「ポスターセッション」で発表した「ポスター」をろうかにもはり出して、学習内容をちがう学年や先生たちに広く伝えている。

この学校では、こうした発表の場を「ポスターセッション」とよんでいるよ。ポスターと壁新聞は、情報を伝えるという意味で同じなんだ。この点については、この本の34・35ページと、このシリーズの第２巻を読むとわかるからね。それにしても、この学校は、SDGsの学習がとてもさかんなんだね。保護者の人もたくさん見にきているみたいだよ。

この学校では、自分たちがSDGsについて調べた内容を新聞形式の「ポスター」にまとめて、体育館で発表。その場にいるクラスメイトや保護者たちから出る質問にこたえることで、発表者の理解をさらに深めている（→p34・35）。

# こんな新聞・あんな新聞

**新聞というと、A4やB4サイズを思いうかべるかもしれません。でも、はがきの大きさでつくる「はがき新聞」や、実際の新聞を切りぬいてつくる「スクラップ新聞」もあります。**

## はがき新聞

はがき新聞は紙面が小さいのでつくりやすく、はじめて取り組むのに適しています。だれか一人に向けて伝えたいニュースを書き、そのまま郵送できます。

①割りつけ（レイアウト）：はがきは小さいので記事は１つか２つ。「いちばん知らせたいこと」にしぼってつくるとよい。
②題字と見出しを書く：題字は短く、太い文字で。
③記事を書く：出来事よりも自分の気持ちや考えを短くまとめるとよい。
④カット（絵）をかく：目を引くように、こい色で大きめに絵をかく。
⑤しあげ：文字のまちがいなどを正し、黒マジックや色えんぴつなどで題字をなぞったり、わくを書いたりする。

●はがき新聞の例

わらいごえで でんきをつくる！

わらいはつでんしんぶん
8がつ15にち 泉小学校 1の

ぼくはまいにちたくさんわらう。しぜんでたのしいことで、でんきがつくられたらいいとおもった。

わらったかず(8/15)
かぞく ぼく あに ちち はは

わらいはつでんのしくみ
さかなでんきロボット
くうきのなかをおよいでわらいをとりこむ。
あははは わっはは
はつでんき
メーター

わらいはつでんのいいところ
①じかはつでんで、ちきゅうにやさしい。
②かぞくがたくさんわらってたのしくなる。
③さいがいでていでんしてもかぞくみんなでちからをあわせるとはつでんできる。

福岡県　行橋市立泉小学１年生

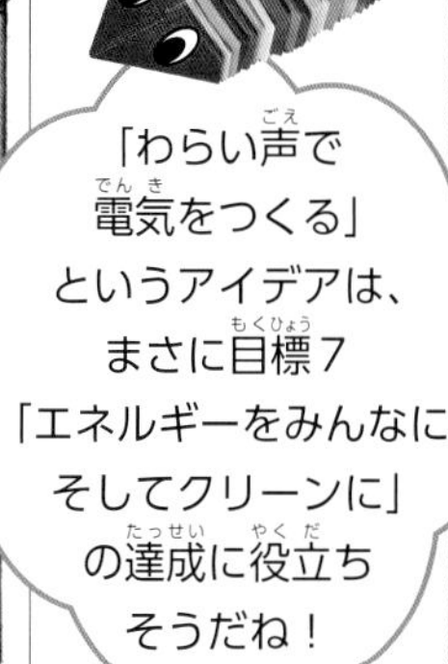

「わらい声で電気をつくる」というアイデアは、まさに目標７「エネルギーをみんなにそしてクリーンに」の達成に役立ちそうだね！

## スクラップ新聞

新聞を切りぬくことや、切りぬいた記事のことを「スクラップ」といいます。あるテーマについての記事をさがし、切りぬいて紙にはり、見出しをつけて１枚の新聞にしたのが「スクラップ新聞」です。

①テーマを決める。そのテーマについての記事をさがし、切りぬく。
②題字を書き、①の記事を用紙にならべてみる。
③用紙に記事をはりつける。
④見出しをつける。
⑤記事へのコメントをつける。
⑥要約や用語解説を入れてもよい。

●スクラップ新聞の例

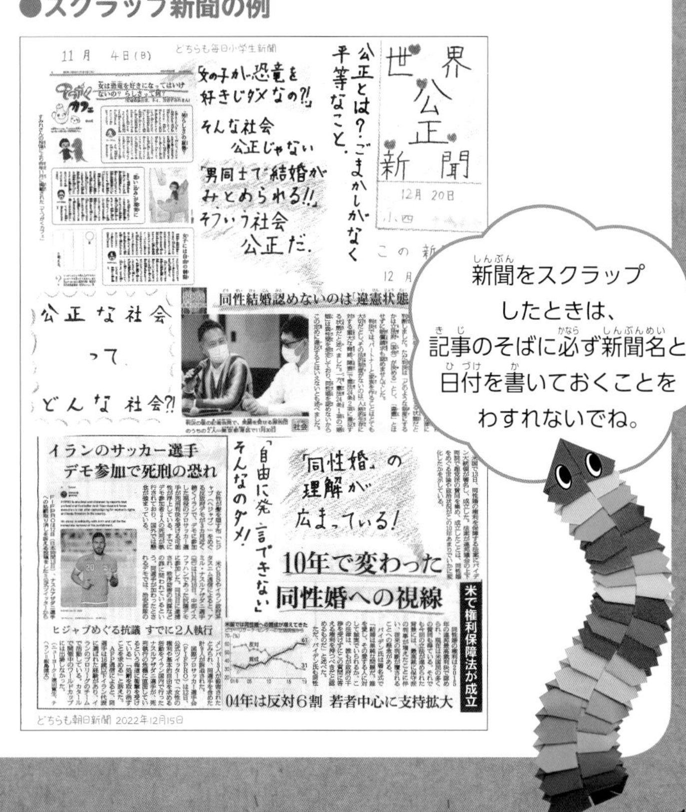

世界公正新聞
12月20日
小西

公正とは？ごまかしがなく平等なこと。

11月4日(日)　どちらも毎日小学生新聞

「女の子が恐竜を好きじダメなの?!」
そんな社会公正じゃない
「男同士で結婚がみとめられる!!」
そういう社会公正だ。

公正な社会ってどんな社会?!

同性結婚認めないのは「違憲状態」

イランのサッカー選手 デモ参加で死刑の恐れ
ヒジャブめぐる抗議 すでに２人執行

「自由に発言できない」そんなのダメ！

「同性婚」の理解が広まっている！

10年で変わった同性婚への視線
米で権利保障法が成立
04年は反対６割 若者中心に支持拡大

どちらも朝日新聞 2022年12月15日

新聞をスクラップしたときは、記事のそばに必ず新聞名と日付を書いておくことをわすれないでね。

# 全国の新聞コンクールを見てみよう

**子ども向けの新聞コンクールやコンテストは、全国各地でたくさんおこなわれています。過去の入賞作品の画像や新聞づくりの手順が公開されているホームページも多いので、ここで紹介しておきましょう。ぜひ、SDGs新聞づくりの参考にしてください。**

## 新聞社主催・テーマが自由な新聞コンクール

新聞のコンクールやコンテストといえば、新聞社主催のものが多くあります。これには、新聞づくりをきっかけに、新聞自体に興味をもってもらいたいという新聞社の思いがこめられています。

ここにあげた、
自由なテーマで募集する新聞コンクールには、
SDGsのテーマに関係するものも
たくさん応募されているよ。
作品自体は30～33ページを見てね。

### どうしん 私とぼくの 小学生新聞グランプリ

北海道内の小学生が対象。テーマは自由。応募要項には新聞のつくり方がイラスト入りでやさしく紹介されていて、自分でつくるときの参考になる。北海道新聞社(「どうしん」)などが主催。

### 長野県こども新聞コンクール

長野県内の小学生を対象に、伝えたいことを新聞にした作品を募集。日ごろ疑問に思っていることを調べたり、身のまわりの出来事をまとめたりするなど、テーマは自由。信濃毎日新聞社などが主催。

**ほかにもあるよ!**

### 学校新聞コンクール(朝日新聞社主催)

配布新聞、壁新聞など形態は自由。委員会やクラス、個人でつくった作品を募集。毎月2点ずつ入選作が選ばれ、毎年度末に最終審査で文部科学大臣賞など各賞が決まる。

## SDGsに関係するテーマの新聞コンクール

決められたテーマにそった新聞を募集するコンクール・コンテストもあります。SDGsに関係するテーマをかかげたものを見てみましょう。

SDGsの目標でいうと、目標6「安全な水とトイレを世界中に」や、目標3「すべての人に健康と福祉を」、目標14「海の豊かさを守ろう」、目標15「陸の豊かさも守ろう」などに関係しそうなテーマだね。

### 「わたしたちのくらしと水」かべ新聞コンテスト

全国の小学生対象。水について調べ、学んだ内容をまとめた壁新聞、学習新聞、はがき新聞（→p19）を募集。「かべ新聞のつくり方、7つのポイント」や入賞作品がホームページで見られる。公益財団法人セディア財団主催。

### こどもエコクラブ 全国エコ活コンクール

全国の環境活動をする子どものグループや個人、こどもエコクラブを対象に、壁新聞と絵日記を募集。ホームページでは、受賞作品以外もコメントつきで公開。公益財団法人 日本環境協会内こどもエコクラブ全国事務局主催。

### わたしたちのくらしとエネルギー かべ新聞コンテスト

エネルギーについて調べたことを壁新聞にまとめることで、エネルギー問題への関心を高めてもらいたいというねらいで実施されている。全国の小学4～6年生対象。経済産業省資源エネルギー庁主催。

### きゅうでん はがき新聞コンクール

「あったらいいな！電気をつかって動くこんな道具」ほか、学年によってことなるテーマではがき新聞を募集。つくり方を紹介した動画とチラシも参考になる。福岡県内在住の小・中学生対象。九州電力主催。

# 3 新聞づくりで注意すること

**新聞記事を書く上でいちばん注意したいのは、事実にもとづくことです。ここでは、注意することであり、心がまえでもある情報の「信憑性」について考えてみます。「信憑性」とは信頼できる度合のこと。「信頼性」「真実性」ともいいます。**

## 新聞づくりの心がまえ

NIE（→p6）をすすめる日本新聞協会は、「新聞の強みは、（中略）一つ一つの記事が複数の目による厳しいチェックを経て世に出ている、信頼性の高いメディアであること」（→p7）といっています。しかし、みんながつくる「SDGs新聞」の場合、すべての記事を複数の目できびしくチェックするわけにいきません。みんなは、SDGsについて自分で一生懸命調べて、整理して書いていくのですが、もともとの情報が信憑性・信頼性・真実性がうたがわしいものだったら、みんなが書くことも「ウソ」になりかねません。信頼性の高い記事を書くには取材（→p17）する対象や方法をよく考え、信頼性の高い情報を入手する必要があります。

## 事実を伝えることはむずかしい

たとえば、みんなはその日学校で起きたことをうちの人に話すことがあるでしょう。でも、みんなが伝える話は、起きたことをほんとうに正しく伝えているでしょうか。話をするうちに細かいところをはぶいてしまい、あらすじだけを話すようなことはありませんか。また、話を大げさにしたり、都合のよいことだけを話したりすることは？

けっしてウソを話そうとしているのではなくても、出来事をありのまま伝えることは、むずかしいことなのです。

では、写真なら、撮影したものがありのままうつしだされているといえるでしょうか。ここでクイズをやってみましょう。

## Q2 下の写真を見てください。この植物は、㋐、㋑のどちら？

㋐庭に植えられたもの
㋑畑に植えられたもの

土に緑の苗木が植えられた写真です。これだけを見ると、庭に植えられたものだと思う人もいれば、畑に植えられたものだと思う人もいるでしょう。つまり、この写真だけでは、どこに植えられたものか判断できないのです。もし、まわりの風景まで入るようにとられていれば、判断がつくかもしれません。

このように、同じ写真でも一部を大きくうつしだすのか、全体をうつすかで、写真を見た人が受けとる内容がちがってしまいます。そのため、写真といっても、ありのままの事実をうつしだしているとは、けっしていえないのです。

これは、新聞にのせる写真をとったり選んだりするときにも、気をつけたいことだよ。

## 「つくり手」が情報を選び、伝える

左ページで記したとおり、真実だと思える記事や写真も、必ずしもありのままの事実を伝えているものではないことがあるのです。そして、こうしたことは新聞のニュースについてもあてはまります。それがわかっているからこそ、NIEでは、7ページに記したようなことをいっているのです。

新聞にも「つくり手」という人がいて、取材したことがらのなかから、つくり手がたいせつだと思うことを選んで伝えているのです。

たとえば、ニュースの場合、事件が起きたらそこへ記者が取材に行き、記事を書きます。その内容は、その記者が「これは重要だぞ」「このことはぜひ伝えたい」と思ったものですが、そこには、ほんとうはたいせつだったけれども切りすてられてしまった情報が、あったかもしれないのです。

### ものしりコーナー！

### エイプリルフールの新聞

下の新聞記事は一見、ふつうとかわからないようだが、じつは、まったくの「ウソ」の記事。この新聞の日付を見ると、4月1日になっている。その日は、「ウソ」をついてもいい日とされる「エイプリルフール」だ。イギリスやアメリカでは昔から、みんなが悪意のない「ウソ」を楽しむ習慣がある。ウソの新聞も毎年発行され、読者にも、ユーモアのある記事として受け入れられてきた。

2022.4.1

イマドキ出世も運次第？

# 人事ガチャ導入

都内のベンチャー

新社長に3年目・十連さん

最近、話題になっている「親ガチャ」。どの家庭に生まれるかは運次第、ハンドルを回してカプセルが出るあの玩具のように、という意味だ。そんな「ガチャ」を意外な場面で用いるベンチャー企業がある。人事をガチャで決めているのだ。何とも大胆な試みだが、明確な狙いがあったようだ。

三月中旬、会議室に設置されたガチャを社員約三十人が一人ずつ回した。「えっ、うそ?」。入社三年目の十連我茶さん(二五)が、目を丸くする。カプセルに入る辞令には「社長」の文字。続いてハンドルを手にしたのが総務部長の降格左遷さん(四二)。「うわ、マジかよ…」。関連企業への「出向」となり、絶句した。

「人事ガチャ」を導入しているのは、東京都内のIT企業「オン・ユア・ラック」。四月一日付で発令される辞令をカプセルに入れ、引き当てた辞令通りの役職に就くという試みだ。ガチャの前では社長から平社員まですべて平等だ。

始めたのは三年前。現在コンサルティング部長の久慈当さん(三七)が社長だった当時に提案した。「配属ガチャ、上司ガチャ、部下ガチャ、同僚ガチャ…。会社組織は実はガチャだらけと感じていた。いっそのこと、人事そのものをガチャにすれば、公平なのでは」

IT企業が導入した人事ガチャ。カプセルの辞令を見て一喜一憂する社員たち＝東京都内で

組織力上がったけど… 今年で廃止にしようかな

導入直後は、「なぜ私が」「なぜあの人が」と社員から非難の嵐だったが、四年目を迎え、意外な効果も。若い社員が突然、役員や管理職となって責任を持たされ、判断に迷ったとき、平社員となった元役員、管理職らが支えるなど組織の結束力が高まったのだ。逆に現場に戻ったベテランからは「俺が若い頃は」といった先輩風もなくなった。

昨年と一昨年は新型コロナウイルスの影響でオンラインで行った一方、今年は三年ぶりの社内での実施。年に一度のイベントに大盛り上がりだったが、「新社長」の十連さんのつぶやきで、場の空気が凍り付いた。「ガチャは今年で廃止にしようかな。社長判断で」

(東京新聞2022年4月1日朝刊)

答え 実際には、㋑の「畑に植えられたもの」。ただし、写真からは判断できないので、「どちらともいえない」も正解。

# メディアリテラシー

「リテラシー」はもともと英語の literacy からきた外来語で、「読み書きの力」と訳されていましたが、近年では単独ではあまり見かけません。「メディアリテラシー」とは、「メディアに対する読み書き能力」のことです。

## メディアリテラシーが身についているか？

「リテラシー」は「読み書きの力」ですから、「メディアリテラシー」は「メディア（→右ページ）が伝える情報を読んだり書いたりする力」ということになります。いいかえると、「メディアの情報をそのまま受け取るだけでなく、受け取った情報について自分自身で考え、確認する力」のことです。

近年、若いうちからパソコンやスマホ（スマートフォン）をつかってコミュニケーションをとる人が多くなってきました。インターネットをつかって、Eメールをやりとりしたり、ホームページから情報を受け取ったり、SNSで情報を発信したりして、多くの人とコミュニケーションすることができる力をそなえた人が増えてきています。そのため、メディアリテラシーも、あたり前のように身につけられているように思えます。しかし、ほんとうにできているでしょうか。

近年の子どもはおさないころからスマホやパソコン操作になれているようだが、メディアリテラシーは……？

## そもそも「メディア」とは

「メディア」は英語の media からきた外来語で、意味は、「情報を伝える際の媒介をする手段」「情報の媒介者」です。「媒介」とは「2つのもののあいだにあって、両者の関係の仲立ちをすること」。インターネットはもとより、新聞や雑誌、テレビやラジオなどはみんなメディアです（マスメディアともいう）。

現代は、さまざまなメディアから多量の情報をかんたんに得ることができます。ところが、情報には質が高いものもあれば低いものもあります。それどころか、危険な情報、有害な情報もまぎれこんでいます。そうした、不適切な情報をそのまま信用したり、利用したりすることで、自分や他人をきずつけてしまうようなことが起こりうるのです。ですから、どんな情報もうのみにせず、自分で調べたり考えたりすることを習慣化して、メディアリテラシーを高めていくことがたいせつなのです。

新聞を読むことが、メディアリテラシーを身につけることにつながる。図書館に行けば複数の新聞を読みくらべることもできる。

## 「SDGs新聞」づくりにとっては

メディアリテラシーを身につけるためには、新聞の読みくらべがとても有効な訓練になります。同じニュースをあつかっていても、新聞によってちがうとらえ方をしていることがよくあります。日ごろからそうしたちがいを意識して新聞を読みくらべることで、しぜんとメディアリテラシーが身についていきます。また、新聞に書かれたことが「テレビや本などほかのメディアではどうだろうか？」などと、考えながら読むのも大事です。そうすることで、新聞記事のより深い読み方ができ、理解が深まります。このようにして新聞を読むようになれば、メディアリテラシーが身についていきます。

「SDGs新聞」をつくる上でも、また読む上でも、こうしたメディアリテラシーはとうぜんたいせつなものになってきます。なぜなら、みんながSDGsについて調べるときに情報を見きわめる力が必要だからであり、また、「SDGs新聞」で情報を発信するためには、正しく発信する力（→p26）が必要だからです。

とくにSDGsは、最近毎日メディアに登場してきます。そこで語られるSDGsに関するメディアリテラシーは、しっかり身につけておきたいものです。

では、具体的に
どうしたらいいかに
ついて、次のページで
紹介するよ。


### ものしりコーナー！

**「批判する」と「批判的に考える」**

「批判する」という言葉は、人物、行為、判断などについて、その価値や能力などを評価すること。ふつう、あることがらに対し、否定的な主張をするときにつかう。それに対し「批判的に考える」は、情報をそのまま受け入れずにより深く考えることをいう。すなわち、メディアリテラシーである。

# 新聞の価値を決める「つくり手の力」

**新聞は、記者が資料を調べたり、取材したりしてつくるもの（→p17）。そこがいいかげんだったりまちがいがあったりしたのでは、どんなにきれいに紙面ができたとしても、新聞の価値がなくなってしまいます。ここでは、具体的にどうすればいいかを示しておきます。**

## 4つの力

何かを調べようとするとき、最近ではインターネットが一番便利。パソコンやスマホ（スマートフォン）で検索して、かんたんにあらゆることを調べられます。ところが、インターネット上にあふれる情報の量は、それこそ無限といってもいいほど。そのなかには、いいかげんな情報もあれば、まちがった情報、古くてつかえない情報、差別や偏見にもとづいた情報もあるのです。しかも、悪意をもって人をだまそうとしているものや、個人の悪口を平気で書いているものもあります。

そこで、悪質な情報を見きわめる力（メディアリテラシー）が必要なのです。そして、メディアリテラシーには、次の4つの力が欠かせません。

4つの力
①
メディアが発信する情報を批判的に読みとき、理解する力。
②
メディアを自分のものとしてつかいこなす力。
③
メディアをつかってコミュニケーションする力。
④
メディアをつかって情報を正しく発信する力。

## インターネットで調べるときの注意点

ここには、SDGs新聞をつくろうとするみんなが、インターネットを使用する際に留意するべきこと、すなわち「チェックポイント」をまとめます。

### ●ホームページのおもなチェックポイント

- ☑ そのホームページのタイトルはあるか？
- ☑ だれに向けたホームページかが、はっきりしているか？
- ☑ どんな目的でつくられたホームページかがはっきりしているか？
- ☑ 営利目的（お金をかせぐ目的）でつくられてはいないか？
- ☑ 広告がやたらに多くないか？
- ☑ 制作者（つくり手）が明記されているか？
- ☑ 制作者のオリジナルか？（独自のものか？ まねしたり流用したりしたものではないか？）
- ☑ 制作者の組織・団体は、実際に存在するか？
- ☑ 制作者の経験、専門分野、所属などがわかるか？
- ☑ 制作者がそのホームページの内容について、じゅうぶんな知識をもっていると思えるか？
- ☑ 更新された日付がきちんと書かれているか？
- ☑ きちんと更新されているか？（最終更新日が近い日付か？）
- ☑ 資料がいつのもので、だれがつくったものなのかがきちんと書かれているか？
- ☑ 参考になるホームページへのリンクはちゃんとつながるか？

何かを調べるとき、
最近ではインターネットを
つかうことがふつうになって
きているね。でも、本や新聞を
読んだり、人に聞いたり、図書館や
博物館、資料館で調べたりすることが
たいせつなのは、
いうまでもないよ。

## 記事に関する留意点

ここでは、新聞のつくり手が気をつけておかなければならないことを、もう１つまとめておきます。

何をつかって調べたかにかかわらず、その記事が何かを参考にして書いたものだとすれば、次に記す３つのことを必ず守らなければなりません。

### ●著作権に注意する

著作権とは、文章や写真、絵画や映像、音楽などをつくった人（著作権者）が、自分の作品を他人にかってにつかわれない権利のこと。本やインターネットなどで見つけた写真や文章、イラストなどにもちゃんと著作権があるので、作者に無断でコピーしたり、つかったりしてはいけない。調べ学習の発表をするときにも、他人の文章や写真を許可なくつかうことはできない。

### ●情報の出典を明らかにする

調べたことを発表するにあたって、発表を見たり聞いたりした人があとから確認できるように、引用した文章や統計資料などの出典、参照先をきちんと示しておくことがたいせつ。また、新聞の記事や統計資料などは、いつの情報かということも書いておく。

### ●個人情報は書かない

個人情報とは、名前や住所、顔写真、電話番号、生年月日、家族構成など、それを知ることで個人を特定できるような情報のこと。街頭のアンケートやインターネットなどで個人情報を教えてしまい、そのあと、それを見た悪質な人からいたずら電話やストーカー行為などを受けることがある。こうしたトラブルをさけるため、新聞をつくる上でも、自分だけでなく、友だちなど他人の個人情報をかってに公開してはいけない。

この本の読者には、
ぜひ、ここに書いて
あることを守って、
すばらしいSDGs新聞を
つくってほしいんだ！

# 1 目標11と目標16のターゲットを確認しよう

このシリーズでは、169個のターゲット*を各巻にいくつかずつ分けて紹介しています。この本でも、SDGsの17個の目標のうち2つのターゲットを見てみましょう。

*ターゲットとは、17個あるSDGsの目標のほかに、それぞれにつき平均10個ずつ、合計169個示された「具体的目標」のこと。くわしくは1巻8ページ。

## SDGs目標11「住み続けられるまちづくりを」

11 住み続けられるまちづくりを

### ●目標11のターゲット（外務省仮訳*）

11.1 2030年までに、全ての人々の、適切、安全かつ安価な住宅及び基本的サービスへのアクセスを確保し、スラムを改善する。

11.2 2030年までに、脆弱な立場にある人々、女性、子供、障害者及び高齢者のニーズに特に配慮し、公共交通機関の拡大などを通じた交通の安全性改善により、全ての人々に、安全かつ安価で容易に利用できる、持続可能な輸送システムへのアクセスを提供する。

11.3 2030年までに、包摂的かつ持続可能な都市化を促進し、全ての国々の参加型、包摂的かつ持続可能な人間居住計画・管理の能力を強化する。

11.4 世界の文化遺産及び自然遺産の保護・保全の努力を強化する。

11.5 2030年までに、貧困層及び脆弱な立場にある人々の保護に焦点をあてながら、水関連災害などの災害による死者や被災者数を大幅に削減し、世界の国内総生産比で直接的経済損失を大幅に減らす。

11.6 2030年までに、大気の質及び一般並びにその他の廃棄物の管理に特別な注意を払うことによるものを含め、都市の一人当たりの環境上の悪影響を軽減する。

11.7 2030年までに、女性、子供、高齢者及び障害者を含め、人々に安全で包摂的かつ利用が容易な緑地や公共スペースへの普遍的アクセスを提供する。

11.a 各国・地域規模の開発計画の強化を通じて、経済、社会、環境面における都市部、都市周辺部及び農村部間の良好なつながりを支援する。

11.b 2020年までに、包含、資源効率、気候変動の緩和と適応、災害に対する強靱さ（レジリエンス）を目指す総合的政策及び計画を導入・実施した都市及び人間居住地の件数を大幅に増加させ、仙台防災枠組2015-2030に沿って、あらゆるレベルでの総合的な災害リスク管理の策定と実施を行う。

11.c 財政的及び技術的な支援などを通じて、後発開発途上国における現地の資材を用いた、持続可能かつ強靱（レジリエント）な建造物の整備を支援する。

*国連が英語で発表したSDGsを外務省が仮に訳した翻訳文のこと。くわしくは1巻38ページ参照。

新聞は国際面、経済面、文化面、スポーツ面、社会面などで構成されています(→p9)が、SDGsの目標11の10個のターゲットも、新聞の構成のように記述内容は多方面にわたっています。

11.1に書かれた住宅問題、11.2の交通問題、11.5や11.bに記された災害の記事は、社会面を毎日にぎわせています。このようにSDGsの目標11は、新聞が毎日何らかのかたちで問題にしていることばかりだといっても過言ではありません。いっぽう、新聞では文化面であつかわれる世界遺産は、左の11.4に明記されています。

この本は、SDGsを理解するための1つの方法として、新聞をつくるワークショップを提案するもの。「新聞をとおして社会を知ること」＝「SDGsを理解すること」だといえるのです。

そうか、そういうわけで、
この本にターゲット11をくわしく記してあるんだね。
では、ターゲット16は、どういうことなのかな？
さあ、右ページを見てごらん！

# SDGs目標16「平和と公正をすべての人に」

## ●目標16のターゲット（外務省仮訳）

16.1 あらゆる場所において、全ての形態の暴力及び暴力に関連する死亡率を大幅に減少させる。
16.2 子供に対する虐待、搾取、取引及びあらゆる形態の暴力及び拷問を撲滅する。
16.3 国家及び国際的なレベルでの法の支配を促進し、全ての人々に司法への平等なアクセスを提供する。
16.4 2030年までに、違法な資金及び武器の取引を大幅に減少させ、奪われた財産の回復及び返還を強化し、あらゆる形態の組織犯罪を根絶する。
16.5 あらゆる形態の汚職や贈賄を大幅に減少させる。
16.6 あらゆるレベルにおいて、有効で説明責任のある透明性の高い公共機関を発展させる。
16.7 あらゆるレベルにおいて、対応的、包摂的、参加型及び代表的な意思決定を確保する。
16.8 グローバル・ガバナンス機関への開発途上国の参加を拡大・強化する。
16.9 2030年までに、全ての人々に出生登録を含む法的な身分証明を提供する。
16.10 国内法規及び国際協定に従い、情報への公共アクセスを確保し、基本的自由を保障する。
16.a 特に開発途上国において、暴力の防止とテロリズム・犯罪の撲滅に関するあらゆるレベルでの能力構築のため、国際協力などを通じて関連国家機関を強化する。
16.b 持続可能な開発のための非差別的な法規及び政策を推進し、実施する。

目標16はすべての人が平和で公正な状態にあることを目標にしています。

「平和」とは、もめごと（戦争、紛争、内戦）がなく、世のなかがおだやかな状態のこと。いっぽうの「公正」は、すべての人や物がかたよることなく正しくあつかわれる状態のことです。

左のターゲット16.1や16.2は、むずかしい言葉がならんでいますが、かんたんにいえば「あらゆる暴力をなくそう」ということです。そして、あらゆる暴力とは、16.aに記されたテロリズム（→p38）から子どもの虐待までがふくまれているのです。いっぽう公正については、16.5で「汚職（→p38）や贈賄を大幅に減少させる」といった目標がかかげられていますが、それは、現実社会は汚職や贈賄がたくさんあって公正でないということを意味しているのです。新聞には、暴力やテロ、汚職や贈賄の事件がしょっちゅう登場。ということは、「新聞をとおして社会を知ること」＝「SDGsを理解すること」になるのです。

東京都千代田区にある最高裁判所の大法廷。最高裁判所は、法律や政令が合憲か違憲かについて最終判断を下す場所だ。

それにしても、
このターゲット16.7の
「対応的、包摂的、参加型及び代表的な意思決定を確保する」
などは、専門家でなければ理解がむずかしい。
みんなは、わからないところは気にせず、
わかりそうなところは、がんばって
考えてみればいいからね。

# みんなのつくった「SDGs新聞」を見てみよう

ここでは、全国の小・中学生がつくったいろいろなテーマの「SDGs新聞」を紹介しましょう。SDGsのロゴマークをえがいたり、「SDGs」という言葉をつかったりするだけでは「SDGs新聞」にはなりません。みんながどんなくふうをしているか見てみましょう。

## SDGsの目標でいうと何番に関係するかな？

ここでは、SDGs新聞の例を、文字が読めるように大きくのせました。

「この新聞はSDGsのどの目標の達成に役立つのだろう？」「自分がつくるなら何を取り上げて新聞にするかな？」そんなことを考えながら、よく読んでみてください。

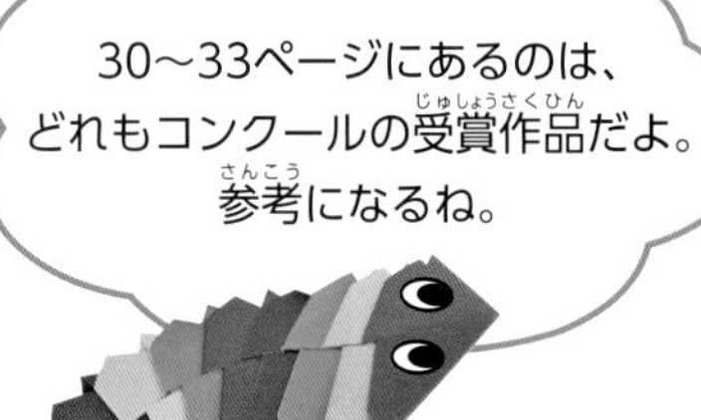

30～33ページにあるのは、
どれもコンクールの受賞作品だよ。
参考になるね。

世界中にキレイな水を!

水と未来

桐生市立新里東小学校
令和2年11月6日発行

水にこまっている国

安全な水を!

私は、世界の人に安全で、キレイな水をとどけたいと思っています。世界九十カ国、二都市は、安全な水がありますが、それ以外の国は、水にこまっている国がたくさんあります。

「SDGs」について
みなさんは、「SDGs」という言葉を知っていますか。SDGsとは二千三十年までによりよい世界にするために作られた十七の目ひょうのことです。SDGsは世界共通の言葉で、その中でも水に関係があるのは六番の目ひょうです。「安全な水を世界中にとどけたい」ということです。私たちが節水をしてSDGsの目ひょうを達成していくことが大切です。

SDGs 6 安全な水とトイレを世界中に

水道水が飲める国
ノルウェー　デンマーク　アイルランド　日本
フィンランド　南アフリカ共和国　ドイツ　オーストリア　アイスランド
<notoより引用>

森林を守れ!

緑のダム

緑のダムの働きを知っていますか。緑のダムは水をすい取ってくれます。そこにふった雨は、土を通って汚れが落ち、私たちが使っています。キレイな水を未来に残すには、キレイな森を守ることが大切です。

桐生市環境課2020より引用
★緑のダムの作り★
山くずれをふせぐ
水をたくわえる
河水
地下水

節水やりました!

私は、SDGsや、水が使えない人がいることを知って、節水をしてみることにしました。私がした節水は、水道、おふろ、トイレです。水道は、こまめに水道をとめたりしました。おふろもシャワーを使いすぎないようにしました。トイレは大小レバーやボタンを使いわけました。私は、節水をして、キレイな水を残せればいいな、と思います。

まとめ

私は、この新聞を作って、いろいろなことが分かりました。水が満ぞくに使えない国がたくさんあることにおどろきました。日本はキレイな水がたくさんあるので、そのことに気づかなかったです。また、SDGsという言葉も初めて聞きました。緑のダムの働きもおどろきました。森の土を通って汚れが落ちているのがすごいと思いました。

新編 新しい社会3・4(下)より引用
〜浄水のながれ〜
わたらせ川

浄水場にインタビュー!

私は、どうやってキレイな水を作っているか、元宿浄水場に行って調べました。

浄水場の人の話
ここでは、一日に約三万トンもの水をキレイにしています。水をキレイにするには、色々な場所を通ったり、薬品を入れたりします。キレイな水を作るのに約十二時間かかります。

私は、浄水場でキレイな水を作って、未来にキレイな水を残せるといいなと思います。

群馬県
桐生市立新里東小学校
4年生（a）

出典：(a)「わたしたちのくらしと水」かべ新聞コンテスト　(b) こどもエコクラブ 全国エコ活コンクール
(c) 長野県こども新聞コンクール　(a)～(c) のコンテスト・コンクールについては20～21ページ参照。

セミの抜け殻調べ　市民の森公園　2022.8.6

上田の温暖化新聞

地球温暖化でセミのいる場所が変わっている?

地球がもっと暑くなると生き物はどうなるんだろう

長野県で見られるセミ

今年の結果は?

長野県　上田市立丸子中央小学校６年生（c）

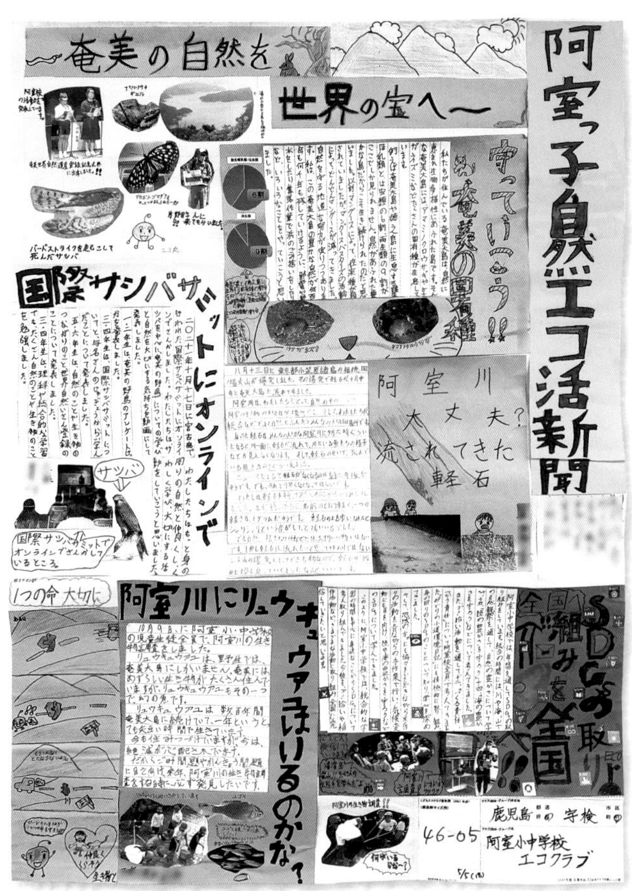

〜奄美の自然を世界の宝へ〜

阿室っ子奄美エコ活新聞

国際サシバサミットにオンラインで

阿室川大丈夫?

阿室川にリュウキュウアユはいるのかな?

全国へ沖縄の取り組みをSDGsを全国へ

鹿児島県 宇検村立阿室小中学校エコクラブ（b）

姫城中エコ新聞

〜進化したエコ活動SDGs〜

節水について

食品ロスについて

宮崎県　都城市立姫城中学校「姫ボラ」（b）

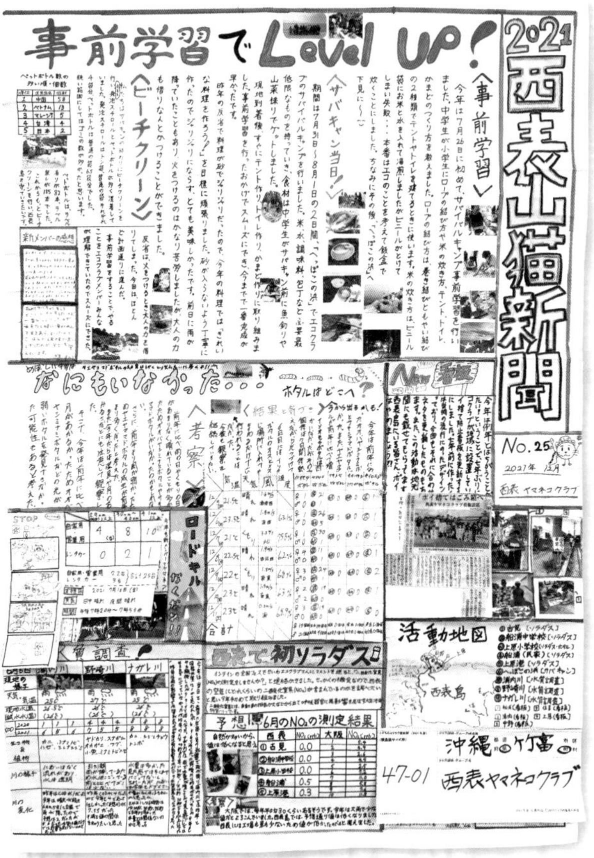

事前学習でLevel UP!

2021 西表山猫新聞

No.25

なにもいなかった…

活動地図

沖縄県　竹富町西表ヤマネコクラブ（b）

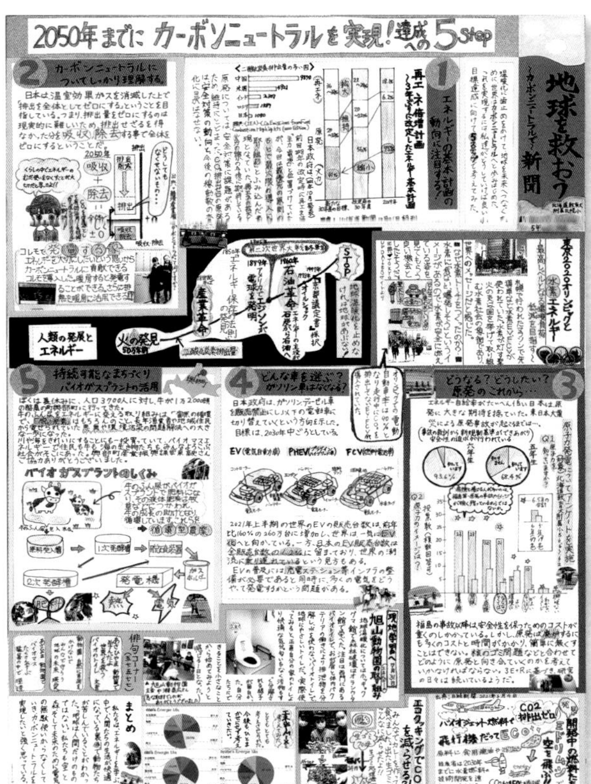

2050年までにカーボンニュートラルを実現！達成への5step

地球を救おう新聞

北海道　北海道教育大学附属札幌小学校５・６年生（d）

調べよう！考えよう！エネルギー新聞

はじめに

私たちは生活の中でどのようにエネルギーを利用しているかな？

昔とくらべてみよう！

なんと日本が５位

エネルギーを多く使っているランキング

エネルギー資源大切に！

私たちにできることは！？

感想

鹿児島県　宮川小学校４年生（d）

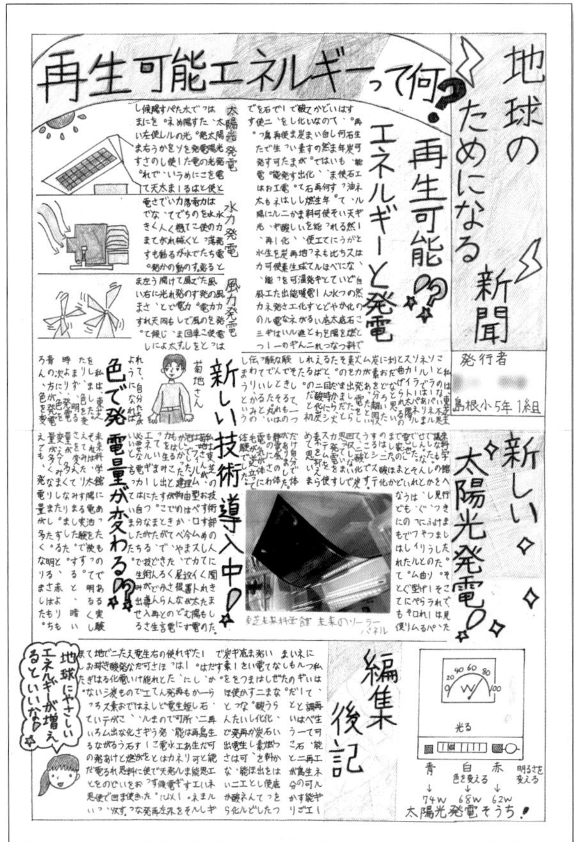

再生可能エネルギーって何？

地球のためになる再生可能エネルギーと発電新聞

新しい技術導入中！

色で発電量が変わる！？

新しい太陽光発電！

編集後記

東京都　足立区立島根小学校５年生（d）

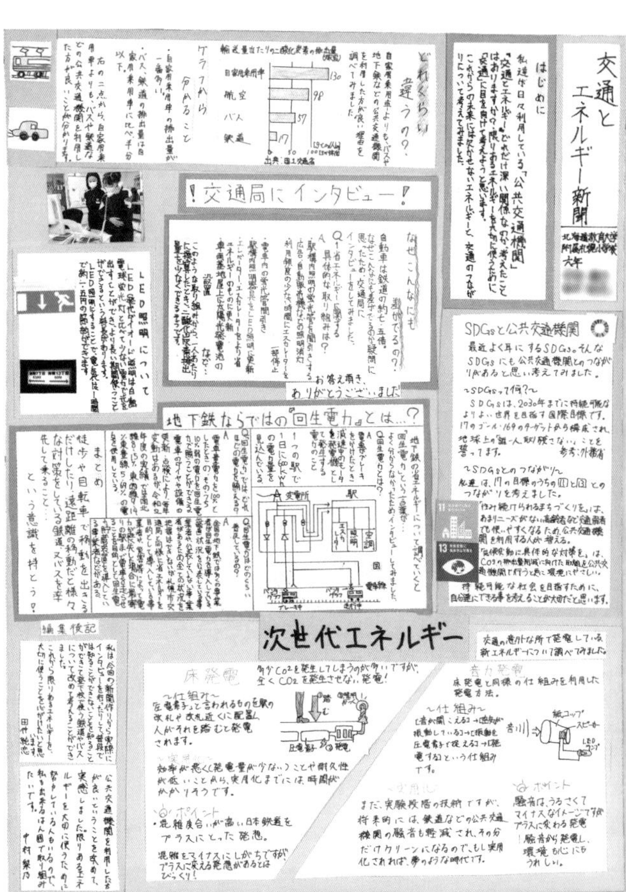

交通とエネルギー新聞

はじめに

！交通局にインタビュー！

SDGsと公共交通機関

地下鉄ならではの回生電力とは…？

次世代エネルギー

編集後記

北海道　北海道教育大学附属札幌小学校６年生（d）

この４作品は、エネルギーの問題に焦点をあてた新聞づくりの例だよ。それぞれの取り上げ方のちがいをくらべてみてね。

どれも行がまっすぐ書かれている！
横の文字もだいたいそろっているよ。
ていねいに書いたんだろうね。すごいな！！

# おもいやり社会新聞

発行者　帯広市立緑丘小学校　5－1

## おもいやりの心のバリアフリー

## あなたならこんな時どうしますか？

## 社会生活の4つのバリア

物理的バリア／制度のバリア／文化・情報のバリア／心のバリア

## 本から学ぶ「障害」

## まちのバリアフリー＆シンボルマーク

## わたしの感想

北海道　帯広市立緑丘小学校５年生（e）

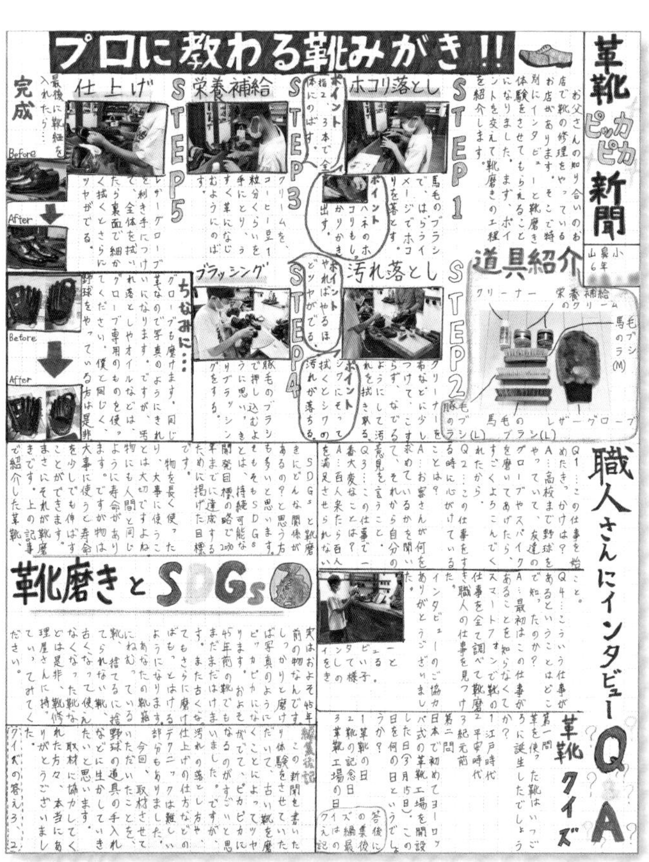

# 革靴ピッカピカ新聞

## プロに教わる靴みがき！！

STEP1　ホコリ落とし
STEP2　汚れ落とし
STEP3　栄養補給
STEP4　ブラッシング
STEP5　仕上げ
完成

## 道具紹介

## 靴磨きとSDGs

## 職人さんにインタビュー

## 革靴クイズ　Q＆A

## 編集後記

北海道　札幌市立山鼻小学校６年生（e）

# 多文化共生新聞

発行者　鎌田小学校　5－2

## 外国人も日本人も幸せな社会を目指して

## 東南アジアの美味しい味を伝える店

## コロナの不安をサポート

## タイ料理を作って旅行気分

長野県　松本市立鎌田小学校５年生（c）

# ウクライナ平和新聞

〈発行人〉高森北小学校　3年

## どうしてロシアはウクライナを苦しめるの？→全世界に影響

## 今、ぼくに出来ること！！！

## 3人のお友達からぼくたちへのメッセージ

## ウクライナの家族にインタビュー

## 募金箱

長野県　高森町立高森北小学校３年生（c）

出展：（c）長野県こども新聞コンクール　（d）わたしたちのくらしとエネルギー かべ新聞コンテスト　（e）どうしん 私とぼくの小学生新聞グランプリ
（c）～（e）のコンテスト・コンクールについては20・21ページ参照。

# ポスターと新聞の関係

**ここでは、新聞とくに壁新聞とポスターとが「似て非なるもの」といった話をします。シリーズ2巻6ページで見た「ポスターの歴史」を読みなおしながら、考えてください。**

## SDGsポスターセッション（東京都国立市立国立第三小学校）

2022年10月31日の午後、東京都国立市立国立第三小学校の体育館で、6年生による「SDGsポスターセッション*」がおこなわれました。これは、発表者が、図やグラフをつかってSDGsについてわかりやすく1枚にまとめた「SDGsポスター」を掲示して、それを、集まった人に見せながら発表したり、質疑応答をおこなったりするものです。でも、「ポスター」とみんながよんでいるのは、この本で紹介してきた「壁新聞」のようなものでした。

*「ポスターセッション」は、研究者や先生、学生の集まる学会や研究発表でもよくつかわれる発表形式の1つ。対面で、質疑応答をおこなうことで、発表者・参加者双方がその場で理解を深められる。なお「セッション」自体には、①会合や授業をおこなうひと続きの時間、②演奏者が集まって演奏すること、といった意味がある。

同級生や保護者の前で、「SDGsポスター」にまとめた内容を発表する6年生たち。発表者は、その場で質問にこたえる。

その日、体育館のあちこちの壁やパネルボードに「SDGsポスター」がはられていました。発表者は、ポスターを棒などでさし示しながら、SDGsに関連して調べたことがらについて、発表・質疑応答をおこない、決められた時間がきたら、他者と交代していました。そのようすを保護者や先生たちが見てまわりました。

この6年生たちは、3年生のはじめからSDGsについて学習してきたといいます。5年生の夏休みには、みんなで「SDGs全国子どもポスターコンクール」（→2巻p10）に応募しました。

子どもたちのSDGsポスターとあわせて、JICA（国際協力機構）から借りたSDGsの紹介パネルも展示された。

6ページに「新聞は、社会で起きているあらゆるニュースや出来事を人びとに伝えることを目的にして発行される、定期刊行物」と書いてあったね。また、このシリーズの2巻『SDGsポスターをかこう』には、「当初のポスターには文字だけのものが多く、支配者（政府）の考えを民衆（国民）に通達する役目をになっていました」とあったよ。ということは、新聞もポスターも、いいたいことを多くの人に知らせるために紙に書いて壁などにはり出すという点では、同じだといえるんだ。でも、そのかき方やえがき方、見せ方などがことなるので、同じではない。すなわち「似て非なるもの」なんだね。

## 新聞のようなポスター作品（神奈川県秦野市立渋沢小学校）

ここに紹介するのは、2022年に実施された「第３回SDGs全国子どもポスターコンクール」の応募作品で、神奈川県にある渋沢小学校の６年生113名がかいたものです。

どれもみなよく調べてあり、内容もすばらしい！　ポスターコンクールではひときわ異彩を放っていました。なぜなら、このポスターコンクールでは、このように文字がぎっしりつまった応募作品はほとんどなかったからです。

ポスターの歴史をふりかえると、初期のころのポスターは文字の量がとても多かったといいます。そもそもポスターのはじまりは、おもに文字を書いた紙をまちの壁などにはりだしたことだったと考えられています。

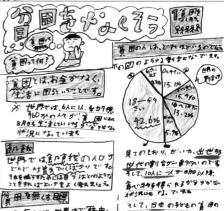

イラストや図表をあわせ、調べた内容をぎっしりと書きこんだ、渋沢小学校の子どもたちのポスター。

### 題字をつければ新聞になる？

この本の17ページの「新聞の構成と内容」の項目には、SDGs新聞について次のように記してあります。

**SDGsについて書いてさえいれば、書き方や内容が何でもいいというわけではありません。新聞ですから、新聞らしくつくる必要があります。**

ということは逆にいうと、左ページの作品は、ポスターとして応募されましたが、題字や見出しなどを見やすく大きくするなどして「新聞らしく」すれば、立派なSDGs新聞になるということなのです。紙面で伝えているSDGsの内容がすばらしいのですから。

そこで、渋沢小学校の成田悠人先生から、ポスターをつくった子どもと保護者に許可をとっていただき、応募作品をデジタル加工して新聞の体裁にしてみたのが、下の作品です。この本で紹介してきたSDGs新聞に、ひけをとらないものになっているのではないでしょうか。

SDGs新聞

渋沢小学校
6年○○○

14 海の豊かさを守ろう。!!

海洋と海洋資源を持続可能な開発に向けて保全し、持続可能な形で利用する。
世界の海洋は、その温度科学的性質、海流、生物を通じ地球を人間が住める場所にしているグローバル
システムの原動力となっています。私たちの雨水、食料、気象、気候、海岸線、私たちの食物の多く、さらには私たちが
吸い込む大気中の酸素でさえ究極的にはすべて海が提供、制御しています。しかし現時点では汚染による
沿岸水域の劣化が続いているほか、海洋の酸性化は生態系と生物多様性に悪い影響を与えています。これによって、
小規模漁業にも悪影響が及んでいます。海洋保護区を実効的に管理し、しっかりと資金を供給する必要があるほか、
乱獲や海洋汚染、海洋の酸性化を抑えるための規制の導入も必要となっています。

## 海はすべての生命のみなもと

地球の面の7割を占める海。この豊かな海は、地球のあらゆる命のみなもとです。そして、海から
わたしたちが生きるための食ものなど、多くの恵みを受け取っています。
しかし、その海が深刻な問題を抱えています。
ひとつは魚などの獲りすぎで、多くの海の資源が減ってしまったこと。世界的な健康ブームで魚を食
べる人が増え、魚を獲る量が増加し、違法な漁業も増えています。その結果、魚資源が減ってしま
い、まだ十分に利用できる水産資源がたったの6.2%になってしまいました。

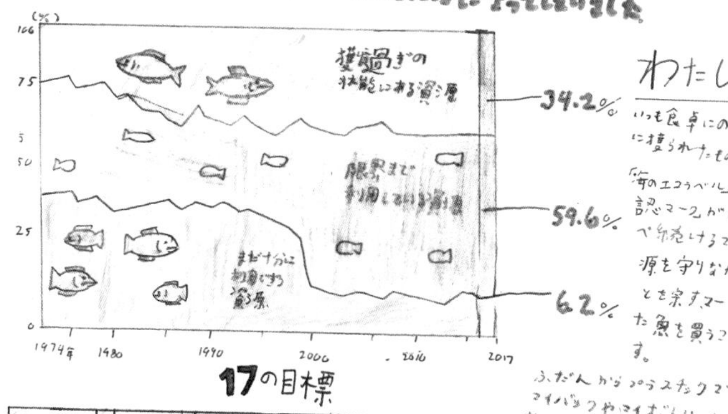


### わたしたちにできることは!?

いつも食卓にのぼるおいしい魚。その魚がどのように獲られたものか、知っていますか？
「海のエコラベル」とよばれているもののひとつに、「MSC認証マーク」があります。これは、いつまでも魚を食べ続けることができるように、海の自然や資源を守りながら獲られた水産物であることを示すマークです。このようなエコラベルのついた魚を買うことも海を守ることにつながるのです。
ふだんからプラスチックごみをなるべく出さないように、マイバックやマイボトルを持ち歩く、ペットボトルはリサイクルに出すなど小さな心がけも豊かな海を守ることにつながります。

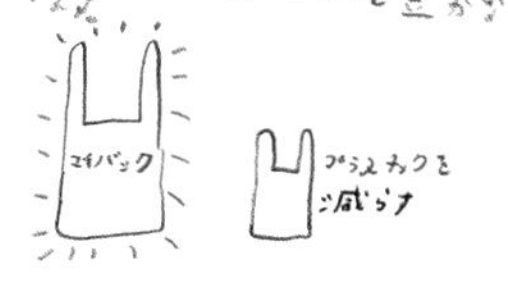


### 17の目標

| | | | | | |
|---|---|---|---|---|---|
| 1 貧困をなくそう | 2 飢餓ゼロに | 3 すべての人に健康と福祉を | 4 質の高い教育をみんなに | 5 ジェンダー平等実現しよう | 6 安全な水とトイレを世界中に |
| 7 エネルギーをみんなにそしてクリーンに | 8 働きがいも経済成長も | 9 産業と技術革新の基盤をつくろう | 10 人や国の不平等をなくそう | 11 住み続けられるまちづくりを | 12 つくる責任つかう責任 |
| 13 気候変動に具体的な対策を | 14 海の豊かさを守ろう | 15 陸の豊かさも守ろう | 16 平和と公正をすべての人に | 17 パートナーシップで目標を達成しよう | |

加工した作品。

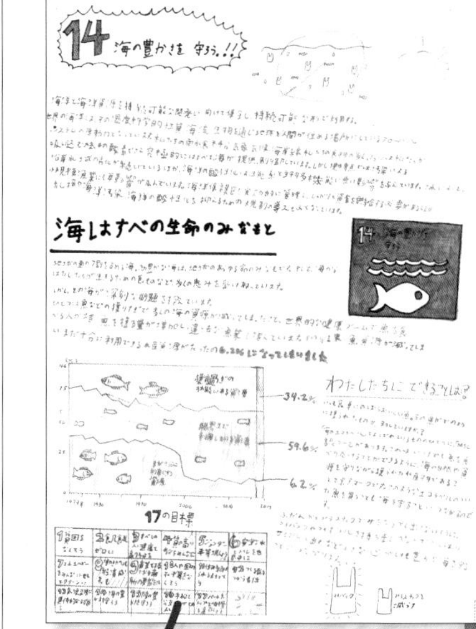

もとの作品。

なぜこのようなことをしたかというと、ポスターと新聞が、「似て非なるもの」だということを、もう一度確認するためだよ。それに、このシリーズの2巻「SDGsポスターをかこう」に掲載したポスターの歴史やポスターの役割について、さらによくわかってもらいたいと思ったからなんだよ。もちろん、SDGs新聞を上手につくれるようにするためでもあるよ。

# 用語解説

**●SNS** …… 4
英語の Social Networking Service の頭文字をとったもので、登録した個人どうしが交流できるインターネット上のサービス（サイト）のこと。ツイッターやフェイスブック、インスタグラム、ラインなど。

**●汚職** …… 29
公務員や国会議員など公の仕事をする人が、職権や地位を利用してわいろ（不正なおくり物）を受け取るなど、私的な利益を得ること。

**●オゾン層** …… 14
地球をおおっている大気圏（地表から高度400〜500km付近まで）*のうち、オゾンの濃度が高い部分（高度20〜25km付近）のこと。オゾンは、常温で特異臭をもつ無色の気体で、オゾン層は地球にふり注ぐ太陽からの有害な紫外線（紫外光ともいう）を上空で吸収し、地上生物が有害な紫外線をあびないように保護している。
なお、オゾン自体は漂白剤、酸化剤、殺菌・消毒剤などに利用されているが、高濃度のオゾンは有毒で、長時間すうと呼吸器に悪影響が出る。
＊大気圏は一般に、地表に近いほうから対流圏、成層圏、中間圏、熱圏などに分けられ、オゾン層は成層圏にある。

**●GNV（Global News View）** …… 12,13
大阪大学のヴァージル・ホーキンス研究室のプロジェクトの一環としてはじまったプロジェクト。賛同した人たちが無償で記事を書き、運営をにないながら、世界がかかえる問題を、包括的に、客観的に把握できる情報環境の実現をめざす。具体的には、報道されない世界の出来事や現象、傾向、視点などを解説形式で提供（グローバル・ビュー）したり、既存の国際報道の現状を分析してその傾向を見いだし、改善を促進する活動（ニュース・ビュー）をおこなったりしている。それぞれの記事は、ホームページで定期的に発表される。
https://globalnewsview.org/

**●GPS** …… 4
英語の Global Positioning System の頭文字をとった略語。日本語では「全地球測位システム」という。地球を回る人工衛星からの情報（時刻、軌道、対象物と人工衛星との距離など）を利用して、地球上での位置を正確にわり出すシステムのこと。アメリカが軍事用に開発し、1990年代に一部が民間にもつかわれるようになった。航空機や船舶の位置情報把握のほか、自動車のカーナビ（カーナビゲーションシステム）やスマホ（スマートフォン）などにもつかわれている。

**●食品ロス** …… 13
本来食べられるのにすてられる食品のこと。フードロスともいう。日本は食品ロスの多い国。農林水産省の推計では、日本では1年間に522万トンの食品ロスが発生している（53%が食品系事業者から、47%が家庭から）。

**●テロリズム** …… 29
特定の政治的な主張を達成するため、組織的に暴力を利用し、殺害、破壊、拉致ほか、広く市民に恐怖をいだかせるような行為をおこなうこと。テロ。

**●日本新聞協会** …… 6
全国の新聞社・通信社・放送局が「倫理の向上を目指すための自主的な組織」として、1946年7月23日に設立。倫理とは「人として守りおこなうべき道」のことで、新聞社、通信社が、自由な取材・報道をできるかわりにその内容に責任をもち、信頼性（→p22）の高い情報を発信すべくつくった組織のこと。NIE（→p6）をすすめる機関。神奈川県で運営するニュースパーク（日本新聞博物館）には、新聞の歴史や新聞の役割を紹介する展示などがあり、パソコンでの新聞製作体験もおこなっている。

**●レイアウト** …… 17,19
英語では layout。配置や配列という意味があり、印刷物では、文字や図・写真などを決められた範囲内に効果的に配置することをさす。割りつけ。部屋のなかで家具を配置することを「部屋のレイアウト」とよぶなど、印刷物以外にもつかわれることがある。

# さくいん

●著
稲葉茂勝（いなばしげかつ）
1953年東京生まれ。大阪外国語大学・東京外国語大学卒業。国際理解教育学会会員。2021年度までに編集者として1400冊以上の書籍を担当。自著も100冊以上。近年、子どもジャーナリスト（Journalist for Children）として活動。2019年にSDGsとアクティブラーニングをカリキュラムの基軸に据えたNPO法人子ども大学くにたちを設立し、同理事長に就任して以来「SDGs子ども大学運動」を展開。講演会やワークショップ多数実施。SDGsに関する著書に、「SDGsのきほん 未来のための17の目標」シリーズ、『これならわかる！ SDGsのターゲット169徹底解説』（いずれもポプラ社）、『教科で学ぶSDGs学』『G'sくんといっしょにSDGs』（いずれも今人舎）、「食卓からSDGsをかんがえよう！」シリーズ（岩崎書店）、『SDGsがより深くわかる！ 国連ファミリー・パーフェクトガイド』（新日本出版社）、「子ども大学で考えるSDGs」シリーズ（フレーベル館）ほか。

●監修
竹泉 稔（たけいずみ みのる）
1983年から東京都の公立小学校に勤務。校長職を経て、令和３年度から西東京市立碧山小学校特別支援教室専門員。全国新聞教育研究大会において、NIEの実践報告と新聞づくりの講師を務めた。東京都NIE推進協議会会長、東京都小学校新聞教育・NIE研究会会長、全国新聞教育研究協議会事務局長を歴任。新聞教育や社会科の教育書への寄稿多数。監修に「調べてまとめて新聞づくり」シリーズ（ポプラ社）、『調べる まとめる 発表する 調べ学習パーフェクトガイド』（新日本出版社）がある。

●編さん
こどもくらぶ（中嶋舞子）
編集プロダクションとして、主に児童書の企画・編集・制作をおこなう。全国の学校図書館・公共図書館に多数の作品が所蔵されている。

※ターゲットの「外務省仮訳」出典：
https://www.mofa.go.jp/mofaj/gaiko/oda/sdgs/statistics/index.html
※子どもたちの作品に付した地域・学校名・学年表記は、制作当時のもの。

●G'sくん開発
稲葉茂勝
（制作・子ども大学くにたち事務局）

●装丁・デザイン
矢野瑛子（こどもくらぶ）

●DTP
菊地隆宣（こどもくらぶ）

●写真協力
wachiwit - stock.adobe.com（p4）
東京新聞（p4,9-11,23）
Ingon - stock.adobe.com（p6）
Svetoslav Radkov, beeboys, show999 - stock.adobe.com（p7）
godfather - stock.adobe.com（p14）
sunabesyou - stock.adobe.com（p16）
九州電力北九州支店（p19,21）
北海道新聞社/どうしん小学生新聞グランプリ（p20,33）
信濃毎日新聞社（p20,31,33）
「わたしたちのくらしと水」かべ新聞コンテスト事務局/公益財団法人セディア財団（表紙,p21,30）
日本環境協会 こどもエコクラブ全国事務局（p21,31）
エネルギー教育推進事業事務局（p21,32）
tatsushi - stock.adobe.com（p24）
w_p_o / PIXTA(ピクスタ、p29)
国立市立国立第三小学校（表紙、p34,35）
神奈川県秦野市立渋沢小学校（p36,37）

●大扉の作品
滋賀県 多賀町ネイチャークラブ
沖縄県 那覇市立天久小学校５年生

●協力
Global News View（p12-13）
国立市立国立第三小学校
校長日野正宏、木村恵

**教室でチャレンジ！ SDGsワークショップ ④SDGs新聞をつくろう** N.D.C.319

2023年４月　第１刷発行

著　稲葉茂勝
監　修　竹泉 稔
発行者　千葉 均　編集　原田哲郎
発行所　株式会社ポプラ社
〒102-8519　東京都千代田区麹町4-2-6
ホームページ　www.poplar.co.jp（ポプラ社）
kodomottolab.poplar.co.jp（こどもっとラボ）
印刷・製本　大日本印刷株式会社

Printed in Japan

39p 29cm
ISBN978-4-591-17649-8

P7241004

きょうしつ

# 教室でチャレンジ！
# SDGsワークショップ

エスディージーズ

## 全5巻




著／稲葉茂勝



小学校中学年～高学年向き

N.D.C.319　各39ページ

A4変型判　オールカラー

図書館用特別堅牢製本図書

# 全巻さくいん

❶❷❸❹❺は巻数を示す。

## あ



## か



## さ